高等学校经管类专业仿真综合实习丛书

物流企业运作管理
仿真综合实习教程

韦 琦　张大卡　林勋亮　编著

WULIU QIYE YUNZUO GUANLI
FANGZHEN ZONGHE SHIXI JIAOCHENG

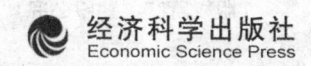

经济科学出版社
Economic Science Press

图书在版编目（CIP）数据

物流企业运作管理仿真综合实习教程/韦琦，张大卡，林勋亮编著.
北京：经济科学出版社，2010.6
（高等学校经管类专业仿真综合实习丛书）
ISBN 978-7-5058-9385-6

Ⅰ.①物… Ⅱ.①韦… ②张… ③林… Ⅲ.①物资企业－企业管理－高等学校－教材 Ⅳ.①F253

中国版本图书馆 CIP 数据核字（2010）第 086426 号

责任编辑：赵　敏　马金玉
责任校对：刘　昕
版式设计：代小卫
技术编辑：邱　天

物流企业运作管理仿真综合实习教程
韦琦　张大卡　林勋亮　编著
经济科学出版社出版、发行　新华书店经销
社址：北京市海淀区阜成路甲 28 号　邮编：100142
总编部电话：88191217　发行部电话：88191540
网址：www.esp.com.cn
电子邮件：esp@esp.com.cn
北京汉德鼎印刷厂印刷
永胜装订厂装订
787×1092　16 开　11.5 印张　214000 字
2010 年 6 月第 1 版　2010 年 6 月第 1 次印刷
印数：0001—3000 册
ISBN 978-7-5058-9385-6　定价：20.00 元
（图书出现印装问题，本社负责调换）
（版权所有　翻印必究）

高等学校经管类专业仿真综合实习丛书编委会

主　任：曾小彬
副主任：任晓阳　李　俊　刘良惠
委　员：(按姓氏笔画排列)：
　　　　马持节　尹恩山　王忠政　刘红红　刘晓星
　　　　刘良惠　任晓阳　邢风云　李　俊　陈拥军
　　　　吴金椿　庞　磊　房文萃　赵小宁　崔建华
　　　　曾小彬　赖　庆

总　　序

新旧世纪之交，我国高等教育面临两大挑战：一是知识经济大潮在世界各地涌动，这一大潮对我国也产生了强烈的冲击，体现在高等教育领域，便是对创新型人才需求量的迅速增长；二是我国高等教育从精英教育阶段迅速向大众化教育阶段转化，高校的人才培养重心下移，越来越多的高校毕业生走向企业，走向基层，走向社会经济工作的第一线，也就是说，应用型人才在高校所培养的人才中所占比重越来越大。顺应这一变化，我校以跨专业综合实验教学、校内仿真实习、校内创新创业实践为主要着力点，不断深化实验实践教学改革，在经管类应用型本科人才培养模式创新方面进行了卓有成效的探索，从而大大提升了我校经管类本科人才的培养质量，形成了我校的办学优势与特色。

一、实验实践教学改革要践行先进教育教学理念

理念是行为之魂。没有先进的理念，就没有先进的实践。实验实践教学改革的过程，也就是践行先进教育教学理念的过程。实验实践教学改革的成果，也就是践行先进教育教学理念的结晶。教育教学理念偏离了正确的轨道，实验实践教学改革也会步入歧途。

（一）实验实践教学必须坚持与理论教学相结合

理论教学有一个如何与实践相结合的问题，实验实践教学也有一个如何与理论教学相结合的问题。理论与实践相结合作为一个普遍性原则，既贯穿于理论教学过程中，也贯穿在实验实践教学过程中。有的同志将实验实践教学目的仅仅归结为增强学生的实践能力，这种认识无疑是理论教学与实践教学脱节问题的另一种表现。实验实践教学固然要增强学生的实践能力，但也是理论教学在实践领域的继续，承

担着加深学生对理论的消化、理解,实现从理性的抽象向理性的具体转化和知识意义建构的任务。实验实践教学内容必须体现理论对实际的指导,必须有助于学生获得丰富的理论启示,必须合乎增强学生的知识运用能力特别是知识综合运用能力的要求。简言之,实验实践教学内容必须具有理论性,理论性的强弱则因教学目标要求的差异而异。

(二) 实验实践教学必须坚持知识、能力教育与素质教育相结合

实验实践教学既是传授知识和开发锻炼学生能力的过程,也是提升学生综合素质的过程。实验实践教学必须充分体现思想、心理、道德教育的要求,不能见物不见人,见智商教育不见情商教育。知识、能力教育与素质教育相结合不仅要贯穿在教学内容中,也要贯穿在实验室文化环境建设和课外活动中,还要贯穿在教师的指导、点评中,通过实验实践教学,使学生获得全面提升自身素质的机会。

(三) 实验实践教学必须坚持学生主体作用与教师主导作用相结合

在现代信息技术广泛运用于教育教学领域以前,学生获取知识的主要媒介是教师,由此形成"教为中心,而不是学为中心"、"教师为主体,而不是学生为主体"的传统教育教学模式。而在现代信息技术广泛运用于教育教学领域的今天,知识获取途径多元化,学生的主体地位已经显现,传统教育教学模式被"学生为主体,教师为主导"的教育教学模式所取代成为历史的必然。与其相应,教师的任务不仅是向学生传授知识,而且要搭建一个使学生能够多渠道地获取知识、多渠道地开发锻炼学生的能力、最大限度地展现学生创造力与才华的平台。

(四) 实验实践教学必须坚持三大课堂相结合

教育教学活动按空间属性的不同可划分为三大课堂:第一课堂是指按照教学计划的要求,学生在教师的组织下与预定的时空内所进行的一种程序化的教育教学活动;第二课堂是指学生根据自身的兴趣、爱好,独立地或在教师的引导或指导下自主开展的一种非程序化的校内教育教学活动;第三课堂是指按照教学计划或在教学计划之外由教师组织或学生自主开展的一种校外教育教学活动。第一课堂是学生获取知识、增强能力、提高素质的主渠道。第二、第三课堂是第一课堂

的必要延伸、辅助与补充。人才培养不能只靠第一课堂，也需要第二、第三课堂，必须树立全方位、立体化的育人观念，强化三大课堂的整合意识。

传统技术基础上的三大课堂整合，无一例外都是在三维实体空间内进行的。现代网络信息技术基础上的三大课堂整合不仅在四维实体时空内进行，也在网络虚拟时空内进行。正是虚拟课堂、虚拟实验室、虚拟经济组织、虚拟市场、虚拟学生社团等的出现，三大课堂才能够突破有限时空的限制，得以在更大的时空尺度内展开。故此，在继续发挥传统技术对三大课堂整合积极作用的同时，必须高度关注与充分发挥现代信息技术对三大课堂整合的支撑作用，在传统技术与现代技术有机结合的基础上将三大课堂整合提升到一个新的高度。

二、经管类应用型本科人才培养目标与实验实践教学功能定位

进行实验实践教学改革不仅要践行先进的教育教学理念，还要进行与人才培养目标相吻合的功能目标定位。实验实践教学的功能目标定位不准确、不清晰，非但难以提升人才培养质量，反而可能降低人才培养质量。在进行经管类应用型本科专业实验实践教学功能定位时，我们特别强调以下两点：

（一）实验实践教学改革必须充分体现应用型本科人才培养要求

有的同志认为，应用型人才仅需具备应用、实操能力，无须具备创新、研究能力。在笔者看来，该种认识的片面性在于把外延十分丰富的"创新"仅仅理解为"知识创新"或"理论创新"。实际上，创新既可以从知识、理论层面去把握，也可以从手段、工具层面去把握，还可以从实际操作层面去把握。就知识、理论层面而言，创新包括基础知识或基础理论创新、应用知识或应用理论创新；就手段、工具层面而言，创新包括技术、手段、工具和方法创新；就实际操作层面而言，创新包括操作技艺和操作技巧创新。研究不必然导致创新，但创新必离不开研究。基础理论创新的前提是基础理论研究，应用理论创新的前提是应用理论研究，技术手段、工具、方法创新的前提是技术手段、工具、方法研究，操作技艺、技巧创新的前提是操作技艺、技巧研究。对"创新"的狭隘理解必然导致对"研究"的狭隘理解。不少同志将研究能力视为研究型人才的专有能力，将研究能力的培养视为研究型人才培养的特殊要求。鉴于对"研究"、"创新"的全方位审视，不难得出以下结论：研究型人才抑或应用型人才都必须具备研究、创新能力，研究型人才培养抑或应用型人才培养都必须有增强其研究、创新能力的要求。

当然，这丝毫不意味着可以忽略不同类型人才研究、创新能力的差异。基础理论研究型人才侧重具有的是基础研究创新能力，应用理论研究型人才侧重具有的是应用理论研究创新能力，本科应用型人才侧重具有的是应用技术、手段、工具、方法研究创新能力，高职高专应用型人才侧重具有的是操作技艺、技巧研究创新能力。我院作为一所以培养应用型本科人才为主的地方院校，无疑应侧重开发学生的应用技术、手段、工具、方法的研究创新能力，辅以开发学生的应用理论研究创新能力。

（二）实验实践教学改革必须体现经管类本科应用型人才培养的要求

经管类本科应用型人才作为本科应用型人才的特类，不仅应具备本科应用型人才一般的知识、能力与素质结构，而且应具备经管类本科应用型人才特殊的知识、能力与素质结构。既然如此，实验实践教学改革就不仅要满足本科应用型人才一般的知识、能力、素质结构完善的要求，还要满足经管类本科应用型人才特殊的知识、能力、素质结构完善的要求。

基于以上考虑，我院经管类专业本科实验实践教学的功能目标被界定为：使学生具有较强的知识整合与应用能力，较强的综合决策与执行能力，较强的技术、手段、工具、方法的开发创新能力与创业能力，具有较高的专业素质与道德素质，有助于学生循序渐进地实现向职业岗位角色的转换。该功能目标具有以下几层含义：

第一，实验实践教学要建构的是融会专业知识与相关专业知识的复合型知识结构，而不是只对应于某专业的单一型知识结构。

第二，实验实践教学要重点增强的不是专业实际操作技能，而是能够灵活运用专业理论知识与相关专业理论知识科学地进行经济管理决策，妥善处理复杂动态的经济管理问题，综合驾驭经济活动运行的能力。

第三，实验实践教学要重点开发的不是基础理论与应用理论研究能力，而是应用研究与应用技术开发能力。

前两点是经管类应用型本科人才培养区别于高职高专人才培养的特殊规定性，后一点是经管类本科应用型人才培养区别于研究型人才培养的特殊规定性。

三、我校经管类专业实验实践教学改革探索与实践

2001年以来，依循先进教育教学理念，为实现上述功能目标，我校着重从以下方面展开了经管类实验实践教学改革：

（一）科学构建实验实践教学内容体系

针对经管类本科应用型人才实践能力特别是综合实践能力、创新创业能力不强的问题，我校构建了一套涵盖课程单项型实验、课程综合型实验、专业综合型实验、跨专业综合型实验、创新创业实践五个层面，贯穿实训、实验、社会调研、专业实习、综合实习（毕业实习）、毕业论文（设计）六个环节，包括公共基础课实验、学科基础课实验、专业课实验、专业拓展课实验四个模块，与理论教学紧密衔接，面向我校所有经管类本科专业开设的四年不断线的实验实践教学内容体系。

在构建实验实践教学内容体系时，我们十分重视基于现代信息技术的模拟或仿真实验项目的开发，十分重视综合型实验项目，尤其是跨专业综合型实验项目、校内仿真实习项目和校内创新创业实践项目的开发，以充分发挥现代信息技术对实验实践教学的支撑作用，突破经管类本科应用型人才综合实践能力、创新创业能力不强的"瓶颈"。迄今，我校面向经管类本科专业开出必修实验实践项目（不含校外）总计1 087个，其中公共基础课41个、学科基础课63个、专业课463个、专业拓展课520个。包括单项型实验项目228个和综合型实验实践项目859个。在所开设的859个综合型实验实践项目中，课程综合型实验171个、专业综合型实验168个、跨专业综合型实验58个、校内仿真实习项目452个、校内创新创业实践项目10个。为了激发学生自主学习的热情，满足学生个性化发展的需要，还开出了34个选修型

实验实践项目。为了使理论教学在实验实践教学中得到深化，除开设一系列研究设计型实验实践项目外，还在校内仿真实习的各个单元开辟"思考与研究"栏目，实施实习基地学生科研立项制度，引导组织学生对仿真实习中接触到的大量经济与管理现象自觉地进行理论研究和创新探索。

（二）系统搭建实验实践教学平台

为确保经管类专业本科实验实践教学内容体系有效实施，一方面我们切实加强经济与管理实验教学中心的软硬件环境建设，形成了一个由系列专业实验室、ERP软件技能实训室、沙盘推演室、商务活动模拟中心、具有微格技术特点的体验室、创新创业实践室组成的现代化经管类实训实验室体系，和能够满足经管类专业实验教学与跨专业综合实验教学需要的软件体系；另一方面我们狠抓实验实践教学相关条件建设，包括自行开发模拟企业运作的实物沙盘与电子沙盘、沙盘教学系列方案、沙盘对抗演练综合评价系统软件包，采集企业案例资料并进行教学化处理，设计企业模拟业务流程，制作企业模拟业务表格和单证，创设企业模拟文化环境，开发学习网站和教学资源库，开辟网上论坛，建设网络实验课程与网络辅助实验课程，进行多种教学技术手段的组合建设和校内实习基地与校外实习基地的整合建设等，从而搭建起一个专业实验室与跨专业综合实验室相互衔接、软硬件与相关教学条件互相匹配、课内与课外相互补充、校内与校外紧密结合、融入先进教育教学理念、具有较高技术含量和鲜明特色的经管类实验实践教学平台。

（三）大胆创新实验教学组织形式与方法

在实验实践教学的组织形式方面，为了进行跨专业综合实验教学，我们打破自然班界限，将不同专业的学生混合编组，学生按专业背景进行角色分工，组成模拟公司或市场组织。在实验教学活动中，学生既是模拟市场环境的创设者，又是模拟企业的行为人；既是学习的主体，又是学习活动的组织者。

我们突破按专业或课程设置教研室的例行做法，由来自不同教学单位、不同专业的教师组成虚拟教研室或项目工作室，并建设了一支由实验教学中心专职教师、教学院系专业教师、外聘教师与学生助教组成的实验教师队伍。实验教学中心的专职教师主要负责跨专业综合实验项目、校内仿真实习项目、校内创新创业实践项目的总体设计与建设；教学院系的专业教师主要负责专业实验教学项目、校内仿真实习的分项设计与建设；外聘教师的主要任务是结合企业实际与现实经济运行开设专题讲座或报告；学生助教的主要任务是配合教师对实习活动进行组织和辅导。我校还成立了主管教学副校长任组长，教务处、人事处、资产设备管理处主要负责人和各二级学院教学副院长参加的领导小组，对跨专业综合实验教学、校内仿真综合实习进行统筹与协调。

在实验实践教学方法方面，我们将沙盘演练法、博弈对抗法、团队学习法、项目驱动法、自主互动法、网上答疑法、专题讨论法、点评法等多种方法引入实验实践教学过程，既极大地激发了学生的学习热情，大幅提高了实验实践教学效率，也使师生关系发生了显著变化。教师从讲授知识为主转变为策划教学内容、创设学习情境、配置学习资源、引导学习方向、解答学习疑难、监控学习过程、评估学习效果为主；学生从知识的被动接受者转变为知识的积极探究者，其学习的内容不仅来自课堂和教师，还来自图书馆、网络和团队其他成员。

(四) 着力抓好实验实践教学三大环节

顺应经管类本科应用型人才需要具备复合知识结构、综合决策与执行能力、创新创业能力的要求，我们在抓好其他实验实践教学环节的同时，着力抓好跨专业综合实验教学、校内仿真综合实习和校内创新创业实践三大环节，并取得显著成效。

跨专业综合实验教学重在拓展学生的专业知识面，开发、训练学生综合运用本专业及相关专业的基本理论、基本方法解决实际问题的能力。为实现这一目标，我们设置了由"ERP软件操作"和"企业行为模拟"组成的必修课模块，使学生得以在ERP软件这一共同管理与技术平台上融会主修专业知识和相关专业知识，在相关专业互动过程中强化自身的主修专业能力。

校内仿真综合实习重在开发、训练学生从事经济管理的综合决策与执行能力。为实现这一目标，首先，我们以生产制造业务链为中心设计了一系列经济组织及其业务流程、业务规则，深入企业采集大量业务数据进行教学化改造和匹配，设计开发了一个涵盖企业、市场、资本运作各个方面，供、产、销各个环节，微观、中观、宏观各个层面，贴近社会经济现实，合乎教学规律的仿真综合实习内容体系，并依托经济与管理实验教学中心打造了一个仿真综合实习平台。然后，把来自十余个专业的数千余名实习生按其专业背景配置到仿真生产企业、仿真商业企业、仿真物流企业、仿真租赁公司、仿真金融机构、仿真工商管理局、仿真税务局、仿真人才交流中心、仿真会计师事务所、仿真信息处理与发布中心等百余个经济组织的不同管理岗位上，组织他们在仿真市场环境下进行企业经营仿真运作。虽然只有短短的6周，学生们却进行了系统的业务处理，经历了完整的业务流程，实践了多种经营决策，撰写了丰富的工作文书。仅以2008年下半年仿真实习运作情况为例，2 055名实习生处理的业务单据多达40余万份；撰写各种计划、方案、报告、总结计12 652份；编制各类管理制度累计870个；形成的文字材料高达4 250余万字。

　　校内创新创业实践重在强化学生的创新创业能力。校内创新创业实践包括读、看、思、评、演、试、做七个环节。"读"，要求学生阅读150~180个企业家的创业故事；"看"，组织学生到若干企业进行实地考察；"思"，要求学生撰写"生产——市场——资本运作"三个阶段的纪实性心得；"评"，要求以小组为单位对被考察企业经营的成败得失进行评论；"演"，要求各小组模仿三个企业案例进行创业演练；"试"，要求各小组策划一个创业项目并试运作；"做"，要求各小组实操一个创业项目以积累创业经验。2004~2008年，我校学生利用校内创新创业实践平台撰写市场调查策划书198份，完成创业设计125项，编制商业策划书48份（其中已被校外公司采用28份），提交学术科技作品225件。

　　目前，我校经管类实验实践教学改革正沿着以下路径继续拓展与深化：一是进一步丰富仿真流通企业和仿真金融机构的业务种类，加速仿真资本运作环境建设，将以生产制造业务链为中心的仿真综合实习内容体系拓展为生产业务链、流通业务链、资本运作业务链相互交织、高度整合的网络状仿真实习内容体系，使其更接近于现实，在校内搭建起一个可以覆盖所有经管类专业的仿真综合实习平台；二是开发建设一批学术含量或创新创业含量较高的精品实验项目，以强化实验实践的理论教育与创新创业教育功能，实现教学功能目标、科研功能目标与创新创业功能目标的高度统一。

　　本丛书既凝结着我们五年多来在经管类专业校内仿真综合实习领域孜孜以求的收获与体会，也深含着我们对实验实践教学特别是经管类本科人才培养模式创新的理解与认识；既是对我校开展经管类专业仿真综合实习探索的历史总结，也是对我校经管类专业仿真综合实习的现实安排。我们热切期待着基于现代信息技术平台的仿真实习这一新鲜的实践教学形式能及早长成一棵枝繁叶茂的参天大树，也热切期待着读者们不吝赐教，指出本丛书的疏漏、不足甚至错误之处，使我们实验实践教学改革前行的步伐更加稳健，更加踏实。

曾小彬

广东商学院副院长

丛书编委会主任

2010 年 6 月

前　　言

　　随着信息技术的发展和高等学校教学改革的不断深化，实验教学日益成为高校一种重要的教学形式。广东商学院早在1992年就开始实施"模拟体验式教学"，其教学模式从初期的单项实验、课程实验，经历专业综合实验、跨专业综合实验，发展到校内仿真综合实习。校内仿真综合实习，就是通过构建仿真企业运作的虚拟环境，让学生在虚拟环境中运用已经掌握的专业知识，进行企业运作的仿真演练，熟悉企业的运作。在2003年和2004年，广东商学院经济与管理实验教学中心组织了校内仿真综合实习的两期试点，在2006年上半年，实验教学中心组织了正式的全校跨专业的校内仿真综合实习，至2008年底，总共已组织了四届（2006~2009届学生）。校内仿真综合实习的规模从初期的5个经管类专业和536名学生参与，发展到2008年的跨经、管、法、文四个学科、15个专业和2 169名学生参与。

　　在校内仿真综合实习中，会计学院学生一直都是"主力军"，他们在实习中担负财务管理、会计、内部审计和注册会计师审计工作。为了满足会计学院学生参加校内仿真综合实习的需要，广东商学院经济与管理实验教学中心在2006年就组织会计学院具有丰富实践教学经验的教师编写了《校内仿真综合实习指导书》（讲义，财会审部分）。在2008年，又组织教师对原实习指导书的体例进行了重大调整，重新编写了《企业运作仿真综合实习讲义》（财会审分册）。经过2008年仿真综合实习的试用后，又进一步对该讲义进行了修改和完善，形成了现在这本《财务、会计与审计仿真综合实习教程》。

　　本书共分4篇34章，4篇分别为财务管理实习、会计实习、内部审计实习和注册会计师审计实习。全书以虚拟的仿真环境为基础，介绍了财务管理、会计、内部审计和注册会计师审计实务的主要业务内容和操作流程，给学生在虚拟环境中从事财务管理、会计、内部审计和注册会计师审计工作以具体的指导。本书既可以用于高等学校财务管理、会计学和审计学专业的仿真综合实习，也可以用于专业综合实习、课程实习及各类课程的单项实习，还可以供从事财务管理、会计和审计工作的实务工作者参考之用。

本书由广东商学院会计学院部分教师编写完成，刘德银负责大纲编写和全书的修订、总纂和定稿，并撰写第三篇内部审计实习，陈玉珍撰写第一篇财务管理实习、韦琴撰写第二篇会计实习、李丽青撰写第四篇注册会计师审计实习。

　　本书在编写过程中，得到了广东商学院领导的大力支持。广东商学院副院长曾小彬教授多次参加了本书的编写会议，并提出了许多宝贵的指导意见；广东商学院经济与管理实验中心主任任晓阳教授、副主任刘良惠教授为本书的编写提出了许多建设性意见。在此一并致以衷心的感谢。

　　由于作者水平有限，加之我们对校内仿真综合实习从架构、组织和实习内容及流程也还在不断探索之中，本书难免有错漏之处，恳请专家、同行和读者们不吝批评指正，以便我们不断修改和完善。

编　者
2010 年 6 月

目 录

第一篇 基础战略篇

第一章 仿真物流企业的认知 ·················· 3
    第一节 仿真物流企业的业务规则认知 ·················· 3
    第二节 仿真物流企业的实习环境认知 ·················· 5
    第三节 仿真物流企业的常用单据认知 ·················· 9

第二章 仿真物流企业的设立 ·················· 12
    第一节 仿真物流企业的组织结构设计 ·················· 12
    第二节 仿真物流企业的规章制度确立 ·················· 21
    第三节 仿真物流企业的注册登记开户 ·················· 28

第三章 仿真物流企业的战略与计划 ·················· 33
    第一节 仿真物流企业的战略管理 ·················· 33
    第二节 仿真物流企业的计划管理 ·················· 38

第二篇 业务管理篇

第四章 仿真物流企业的采购业务管理 ·················· 45
    第一节 仿真物流企业的采购计划 ·················· 45
    第二节 仿真物流企业的采购模式 ·················· 48
    第三节 仿真物流企业的采购流程管理 ·················· 50

第四节　仿真物流企业的采购绩效评估 ………………………………… 53

第五章　仿真物流企业运输业务管理 …………………………………… 59

第一节　仿真物流企业运输计划 …………………………………………… 59
第二节　仿真物流企业运输方案 …………………………………………… 64
第三节　仿真物流企业运输过程管理 ……………………………………… 68
第四节　仿真物流企业运输绩效评价 ……………………………………… 70
第五节　仿真物流企业运输业务实验案例 ………………………………… 74

第六章　仿真物流企业仓储业务管理 …………………………………… 77

第一节　仿真物流企业的仓储计划 ………………………………………… 77
第二节　仿真物流企业的仓储方案 ………………………………………… 81
第三节　仿真物流企业的仓储运作过程管理 ……………………………… 82
第四节　仿真物流企业的仓储绩效评价 …………………………………… 85
第五节　仿真物流企业仓储业务实验案例 ………………………………… 89

第七章　仿真物流企业国际物流业务管理 ……………………………… 94

第一节　国际物流业务概述 ………………………………………………… 94
第二节　仿真物流企业的国际货物运输计划 ……………………………… 97
第三节　仿真物流企业的国际班轮货运业务管理 ………………………… 100
第四节　仿真出口货物通关 ………………………………………………… 102
第五节　仿真物流企业国际物流业务实验案例 …………………………… 105

第三篇　内外控制篇

第八章　仿真物流企业的内部运营管理 ………………………………… 109

第一节　仿真物流企业合同管理 …………………………………………… 109
第二节　仿真物流企业设施设备管理 ……………………………………… 117
第三节　仿真物流企业风险管理 …………………………………………… 120
第四节　仿真物流企业质量管理 …………………………………………… 124

第九章　物流企业营销与客户管理 ……………………………………… 129

第一节　物流企业营销管理 ………………………………………………… 129

第二节　物流企业客户管理……………………………………………… 134
第十章　仿真物流企业财务管理……………………………………………… 141
　　第一节　仿真物流企业筹资管理………………………………………… 141
　　第二节　仿真物流企业投资管理………………………………………… 144
　　第三节　仿真物流企业成本管理………………………………………… 147
　　第四节　仿真物流企业财务分析与评价………………………………… 152
　　第五节　仿真物流企业财务管理实验案例……………………………… 157

主要参考文献……………………………………………………………………… 162
后记………………………………………………………………………………… 163

第一篇

基础战略篇

第一章 仿真物流企业的认知

第一节 仿真物流企业的业务规则认知

一、实验内容

熟悉第三方物流企业仓储、运输、代理报关等业务规则，了解制造企业的仓储和运输相关规则以及物流部业务流程，为开展仿真物流企业工作做好准备。

二、相关知识提示

（一）物流企业的概念

物流企业是专门从事与商品流通有关的各种经济活动的企业，是在商品市场上依法进行自主经营、自负盈亏、自我发展、自我约束、具有法人资格的经营单位，以物流为主体功能，同时必然伴随有商流、资金流和信息流，包括仓储业、运输业、批发业和外贸等行业。

概括起来，物流企业概念包括这样几方面基本含义：物流企业是通过物流服务，实现企业存在价值的法人实体；物流企业提供的物流服务是包含仓储、运输、配送等多功能的综合性系统化的服务；物流企业区别于生产企业，是专门从事实体商品交换及其配送服务的经济组织；物流企业是国民经济的重要组成部分，是社会生产顺利实现的保证。

本教材涉及的物流企业是第三方物流企业。第三方物流是由供方与需方以外的物流企业提供物流服务的业务模式。它是物流服务专业化、一体化的产物，是物流理论与实践不断深入发展的结果。第三方物流企业所提供的物流服务特征是合同导向的一系列服务，个性化的物流服务，要求需求方与供应方之间建立长期的战略合作伙伴关系，并以现代信息技术为基础。

（二）仿真物流企业的业务规则

物流企业作为市场经济的主体，必须按照自己的物流经营目标进行经营活动。同时，物流企业又是整个社会经济体系的一个子系统，其活动必然要受外部环境的影响和制约。仿真综合实习所构建的虚拟环境，模拟了真实的企业经营环境，具有真实环境的基本要素和主要特征。仿真物流企业就是虚拟环境中相关的虚拟组织之一，仿真物流企业运营应较全面、典型地体现现实经济中物流企业运作与管理的一般规律。通过对市场经济活动和企业生产经营活动主要规律的把握，并将这些规律转化为对模拟企业开展具体业务活动的各种约束条件——即业务规则，以及操作程序——即业务流程，使实习的学生能够按照接近现实的企业运营规律、环境、条件、要求，经营模拟企业。故学生应首先熟悉第三方物流企业的业务规则，理解物流企业在整个仿真综合实习中扮演的角色及相关业务规则，在专业老师的指导下，以小组的形式研讨仿真物流企业的业务规则，从而为后续的实验项目开展奠定基础。

三、实验环境与条件

知识准备：掌握物流业务中仓储、运输两大基本功能环节以及物流外包决策方法，了解国际物流中与报关相关的基础知识，及第三方物流企业章程。

条件准备：《企业运作仿真综合实习教程》；每一个第三方物流企业配备1台联网电脑；电脑已经安装Office系列软件；已经制定（更新）第三方物流企业的业务规则。

四、实验流程

1. 熟悉机构章程，学习物流企业业务规则。结合《企业运作仿真综合实习教程》第一篇第四章第十节第三方物流企业的相关内容，熟悉机构章程和物流企业业务规则，包括如何建立服务外包关系、各种服务报价及浮动（包括仓储服务、运输服务、代理报关等）、财务规则、扩大经营规模规则。

2. 讨论业务规则，老师答疑，学生提出修改建议。逐条讨论机构章程，提出疑问之处；重点讨论仓储和运输服务报价，特别是不同计量单位下的仓储报价和不同运输方式下的运输报价是否符合一般规律，提出疑问之处；老师汇总问题后进行集中答疑；学生提出最后修改建议。

3. 老师汇总修改建议并最终确定是否进行修改。老师汇总修改建议，报总指挥部，一个工作日内确定最后修改方案并公布于网络教学平台。

五、实验成果与评价

根据本实习项目完成情况及提交实习结果的及时性等综合考核与评价。

1. 讨论参与度（占50%）；
2. 规则修改建议书（占50%）。

六、理论思考

1. 现行业务规则是否符合仓储、运输报价的一般规律？
2. 现行业务规则需要补充和修改的地方有哪些？
3. 现行业务规则与实际的差别主要体现在什么地方？

第二节　仿真物流企业的实习环境认知

一、实验内容

理解第三方物流企业开展物流相关业务将受到仿真市场哪些类型的单位及哪些业务的影响，掌握企业生存和发展的基础和条件，理解影响企业发展的主要因素。

二、相关知识提示

任何企业都存在于一定的环境之中。环境一方面为企业活动提供了必要的条件，另一方面又对组织活动起制约作用。因此，把握企业经营环境的现状及将来的变化趋势，利用有利于企业发展的机会，避开不利于企业发展的威胁，这是企业谋求生存和发展的首要问题。仿真综合实习是在人为构建的仿真社会经济环境和市场环境中进行的。仿真综合实习环境包括仿真市场和仿真市场的相关部门。在仿真综合实习中，不同专业的学生置身于仿真的虚拟环境、企业和经济管理部门中。虽然仿真环境是虚拟环境，仿真市场也是虚拟市场，与现实经济环境和市场环境没有直接联系，但由于仿真性，在虚拟的环境中模拟企业的经营活动，迫使学生像经营一家真正的公司（或经济管理部门）那样做出预见和正确的反应，完成彼此关联的一系列经营决策，并为此承担责任。在仿真环境中对企业运作的仿真演练，学生可将教材中掌握的理论知识与企业的实际业务相结合，即可用教材中的经济管理相关理论分析和处理仿真企业模拟运作中所面临的一系列问题。对于物流专业的学生而言，可采用物流企业经营环境的有关理论框架来认知仿真物流企业所处的实习环境。

一般来说，物流企业的外部环境是指物流企业周围的、不受企业控制但与企业经营活动相关联的各种外界因素，人们把这些因素称为物流企业的经营环境。物流企业的经营环境，按照对企业经营活动影响的密切程度可以分为宏观环境和微观环境。

（一）宏观环境因素分析

宏观环境是指间接地影响企业经营活动的环境因素，包括经济因素、政治因素、科技因素和社会因素。它们与物流企业的经济活动不直接相关，但可以通过影响微观环境的变化进而影响物流企业的经营活动。对物流企业的宏观环境进行分析的方法称为 PEST 分析方法。宏观环境与物流企业的关系如图 1-1 所示。

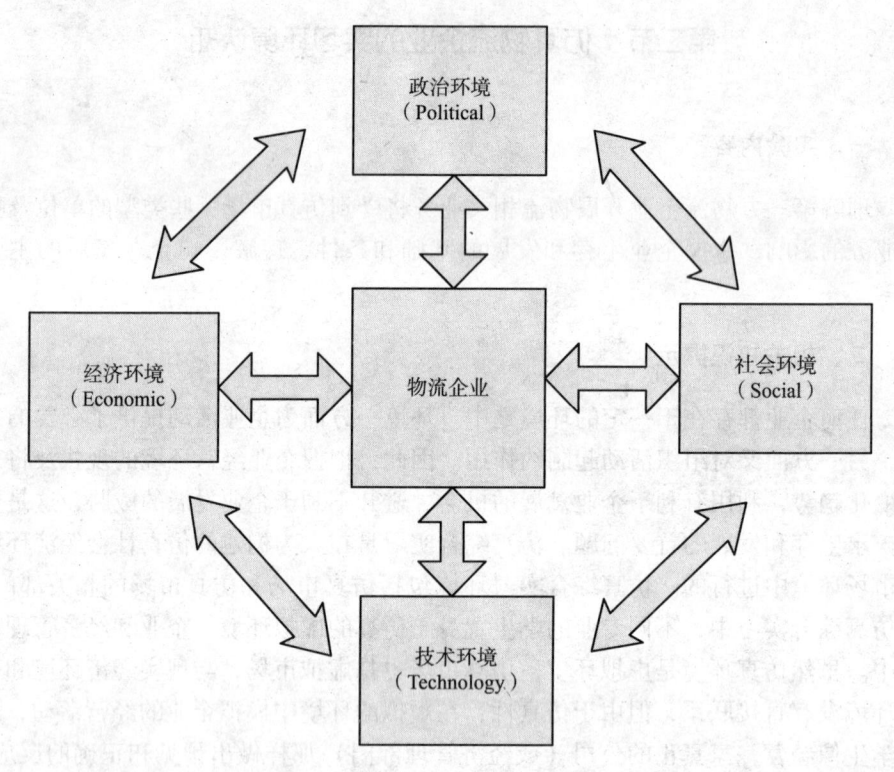

图 1-1　物流企业与宏观环境的关系

资料来源：菊池康也：《物流管理》，清华大学出版社 2002 年版。

仿真综合实习设计了使模拟企业及其运营规则具体化的大量仿真数据，为了反映仿真企业所处的经济环境，《企业运作仿真综合实习教程》第二篇仿真综合实习基础数据中的第六章提供了较为丰富的仿真实习环境宏观经济数据，包括可比价格指数，国民经济发展指标，电子行业产值指标，国内生产总值三次产业构成，国内生产总值支出构成，投资总规模及其结构，科研投入指标，科研投入主要来源和本地区 P1 产品市场信息。这些数据有助于读者理清仿真物流企业与其所处的宏观环境的关系。

（二）微观环境因素分析

微观环境是市场和产业环境，物流企业的经营活动直接处于微观环境的影响之下。物流企业面临的微观环境包括供应商、中间商、竞争者、替代者、购买者等。微观环境因素分析一般采取五种力量分析模型，即物流企业的波特模型，如图1-2所示。

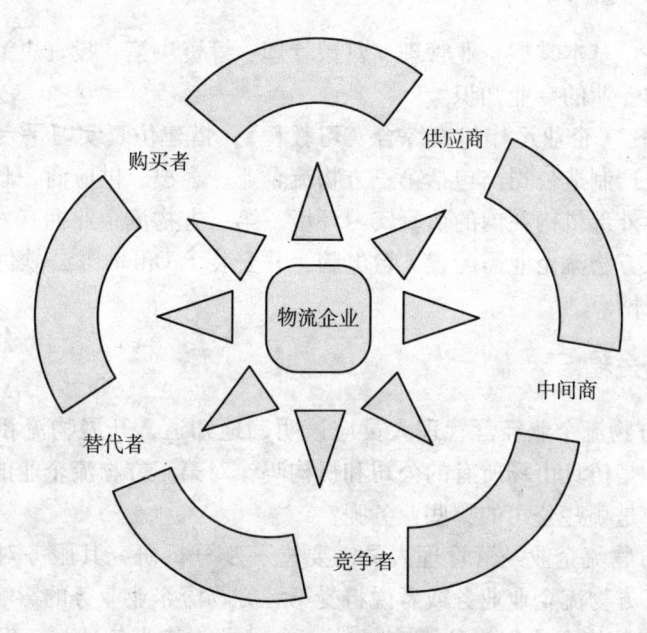

图1-2 物流企业的波特模型

资料来源：唐纳德·J·鲍尔索克斯、戴维·J·克劳斯：《物流管理：供应链过程的一体化》，机械工业出版社1999年版。

其中，供应商是向物流企业及其竞争对手提供所需各种资源（人、财、物、信息、技术等）的组织机构或个人。中间商是协助物流企业推广、分配和送交产品给最终消费者的组织机构或个人。中间商在此过程中，承担着调研、实体分配、资金融资等功能。比如，专业咨询公司、第四方物流企业、银行等金融机构。竞争者指所有与本企业争夺市场或资源的企业，竞争者首先来自于物流领域的潜在进入者，其次来自同行，同行之间的竞争主要是价格竞争、选址、服务质量的提高以及促销等。替代者是指那些与现有物流服务功能相似的物流企业。物流用户与消费是物流企业产品和服务的购买者。

在仿真综合实习中存在一系列的虚拟组织，如原材料与设备供应商、产品的购买者（客户公司）、银行、综合信息中心、人才交流中心、认证中心、工商行政管理部门、会计师事务所、税务部门等管理机构。从物流企业的波特模型角度分析，这些不同的机构组织的角色是不一样的，对物流企业业务运营的作用和影响也有所不同。注意，在物流企业的波特模型中，最主要的是购买者、供应者、竞争者和中间商。

三、实验环境与条件

知识准备：基本掌握企业管理、营销管理、筹资决策、投资决策、会计核算等经济管理类专业的专业知识。

条件准备：《企业运作仿真综合实习教程》；搭建仿真实习平台，组建8家以上的仿真生产制造公司与包括第三方物流企业、客户、供应商、政府、工商行政管理部门等外部机构在内的仿真实习环境；第三方物流企业拥有一定范围的经营场所；第三方物流企业需配置1台电脑，并安装了Office办公软件，连接校园局域网与互联网。

四、实验流程

1. 第三方物流企业经营管理人员应该明确地知道，开展物流相关业务的服务对象是谁？是仿真市场所有的公司和机构吗？对第三方物流企业的物流相关业务影响最大的是哪些公司的哪些业务呢？

2. 第三方物流企业经营管理人员需要进一步分析研究其服务对象的哪些业务会影响第三方物流企业业务或者说将受第三方物流企业业务的影响呢？

3. 第三方物流企业作为仿真市场的一个成员，其业务种类、发展规模是否会受到政府宏观经济政策的影响呢？是否应该接受综合信息中心（履行统计局和信息服务公司的双重职能）的信息指导？综合信息中心的信息来源有哪些？第三方物流企业哪些业务在何时将接受综合信息中心的指导呢？政府、综合信息中心的哪些业务规则与第三方物流企业业务及其业务规则相关联？

五、实验成果与评价

根据本实习项目完成情况及提交实习结果的及时性等综合考核与评价。

1. 第三方物流企业服务对象的界定及彼此关联业务范围和影响程度分析报告（占30%）；

2. 仿真实习环境的经济发展水平与发展速度对第三方物流企业影响分析报告（占20%）；

3. 政府与综合信息中心或者其他管理机构的业务规则及其具体行为对第三方物流企业开展业务的影响分析报告（占15%）；

4. 第三方物流企业业务规则与仿真环境相关业务规则及其相互影响关系的综合分析报告（占15%）。

5. 根据第三方物流企业业务规则和其他公司（机构）相关业务规则，请第三方物流企业的经营管理者进一步分析、研究、预测第三方物流企业公司在未来第8~10年的经营状况和发展规模（占20%）。

六、理论思考

1. 为什么第三方物流企业与仿真市场其他公司之间可能具有业务规则上的关联关系？

2. 宏观经济环境将如何影响第三方物流企业的发展规模？

3. 根据第三方物流企业业务规则和其他公司（机构）相关业务规则，进一步分析、研究、预测第三方物流企业在未来第8~10年的经营状况和发展规模。

第三节 仿真物流企业的常用单据认知

一、实验内容

理清第三方物流企业的经营业务种类，认识并初步学会使用与第三方物流企业开展日常经营活动相关的各种原始单据，进行单据流转，并在认识和掌握应用常用原始单据基础上，根据第三方物流企业业务需要，设计能够证明业务发生与完成情况的符合单据规范的原始单据，并能够在经营过程中实际应用。

二、相关知识提示

第三方物流企业的日常运作涉及多种单据（单证），公司内部管理使用的单据和与外部进行业务联系所使用的单据各不相同。而不同业务所涉及的单据也相差甚远。单就第三方物流企业内部来说，仓储业务方面有入库单、出库单、台账记录、异常记录等，运输业务方面有派车单、分拨单等，还有财务方面的台账、流水账、借支单、收据等等。如果扩展到物流企业外部，使用到的单据更是林林总总，若是涉及国际物流，单据则更加复杂。比如，货运出口时，需要带负责的单证就有出口十联单、提单、海运单、出口货物报关单证、货物报关清单、进舱通知、集拼货预配清单、装箱单、集装箱发放/设备交接单等等。

《企业运作仿真综合实习教程》第四篇仿真综合实习主要单据的第十五章生产制造公司外部相关部门（公司）主要单据中，提供了部分第三方物流企业主要业务单据，包括货物托运单，托运货物提货单，托运产品统计表，托运原材料统计表，代理报关委托书，委托报关协议，海关出口货物报关单等，并没有覆盖物流企业的所有业务，学生需要在专业老师的指引下，根据自身模拟企业的工作需要自行补充设计相应的原始单据。

三、实验环境与条件

知识准备：基本掌握企业管理、营销管理、筹资决策、投资决策、会计核算等经济管理类专业的专业知识；搜集各种原始单据并学会认识它们。

条件准备：《企业运作仿真综合实习教程》；已经搭建好仿真实习平台，第三方物流企业拥有一定范围的经营场所；第三方物流企业需配置1台电脑，并安装了Office办公软件，连接校园局域网与互联网；第三方物流企业常用原始单据根据预计业务种类和业务量已印刷准备完毕。仿真实习组织管理部门配备了打印复印设备。

四、实验流程

1. 理清第三方物流企业的经营业务种类，预计在仿真实习期间可能发生的业务类型；
2. 搜集已有的与第三方物流企业业务相关的各种原始单据；
3. 认识每一种原始单据的构成项目及其各项目的意义和作用；
4. 将原始单据与物流相关业务、代办业务建立业务关联；
5. 假设某种业务已发生，在老师指导下填写原始单据有关项目；
6. 明确原始单据各联用途及其传递方向与传递程序；
7. 设计除现有单据以外的业务开展所需的其他原始单据；
8. 将新设计的原始单据在业务交易各方传递，并再次修改直至定稿。

五、实验成果与评价

根据本实习项目完成情况及提交实习结果的及时性等综合考核与评价。

1. 写出证明各种业务发生与完成情况的各种原始单据及其用途（占20%）；
2. 写出各种业务与相应原始单据的对应关系（占15%）；
3. 列示各种原始单据的联次、用途及传递方向与传递程序（占15%）。
4. 列示尚未设计原始单据的各种业务（占10%）；
5. 与业务对应的自行设计的原始单据一览表（占10%）；
6. 与业务对应的自行设计的全部原始单据（占30%）。

六、理论思考

1. 为什么需要借助原始单据证明第三方物流企业各项业务的发生及完成情况？这是仿真实习环境特有的还是与实际企业类似？
2. 为什么不同类别的原始单据联次不同？各联用途也不完全相同？
3. 为什么原始单据需要在业务相关各方传递？其意义和作用是什么？
4. 证明不同业务发生与完成情况所需的原始单据不一定相同，根据业务类型怎样选择相应的原始单据？
5. 设计原始单据需要考虑哪些因素？
6. 如何证明所设计的原始单据能够满足业务要求？
7. 通过设计并试用原始单据，你有什么感受和体会？

第二章 仿真物流企业的设立

第一节 仿真物流企业的组织结构设计

一、实验内容

构建第三方物流企业，加强相互了解，设计第三方物流企业合理组织结构，构建第三方物流企业管理团队，确定上下级、同级之间领导与协作关系，建立信息沟通渠道。

二、相关知识提示

(一) 组织结构设计的基本原理

1. 组织结构的概念。企业的组织结构是为了实现企业的战略目标，以企业的价值链和主导业务流程为基础，通过职能分解，建立各部门的协调关系，是承担各种责、权角色的人员有机结合的团体，是组织工作任务分派、编组、协调等的正式架构，目的是使组织的每个成员了解整个组织在权力、职责上的分配和上下级的协调关系。

组织机构设计是对构成企业组织的各要素进行排列、组合，明确管理层次，分清各部门、各岗位之间的协作关系，并使其在实现企业的战略目标过程中获得最佳的工作业绩。

采用什么形式的组织结构，是与企业战略目标、活动特点等相关联的。对某一个特定企业而言，有利于实现其组织目标、实现组织效率、与内外环境适应的形式就是适合的、有效的组织结构形式。

2. 组织结构设计的原则。组织是一个整体，是由许多要素按照一定的形式排列组合而成的。在进行组织结构设计时，应遵循的基本原则如表 2–1 所示。

表 2-1　　　　　　　　　　　组织结构设计的基本原则

遵循原则	内容详解
精简原则	即企业经营管理的各类机构的组建，应同企业的经营规模和经营任务相适应。它要求机构设置精简的管理层次，压缩管理人员的编制
统一原则	即企业各部门、各环节的组织机构必须是一个有机结合的统一组织体系，实行自上而下地逐级负责，层层负责，保证经营任务的顺利进行
自主原则	即企业各部门，各环节都在各自的职责范围内，独立自主地履行职能，充分发挥各级组织机构的主动性和积极性，提高管理工作效率。上级对下级在其职权范围内做出的决定不能随意否定。这一原则是统一领导和分级管理、原则性与灵活相结合的要求
高效原则	高效原则是指各层次、各角色（岗位）人员协同工作，低成本、优质、高效率地完成企业组织目标

对于物流企业而言，在进行组织结构设计时，除遵循上述基本原则外，还应遵循以流程为中心的原则，这是由物流企业的业务特点决定的。以整合交通运输、仓储、配送等环节为一体的物流企业，其主导业务具有明确的程序。因此，仿真物流企业在进行企业组织结构设立之前，应充分研讨所模拟企业的主导业务流程，在对其主导业务流程进行分析的基础上考虑组织结构设计方案。

（二）物流企业组织结构的主要形式

在当前物流企业中，实行的组织结构形式主要有职能式、直线职能式、事业部制、矩阵式等。每一种组织结构形式均有其明显的优势和不足。不存在一种适合所有企业的组织结构形式，每一家物流企业因有其各自的实际情况，可依据本企业规模、业务状况、管理者能力等多种因素来选择适合自己的组织结构模式。

1. 职能式组织结构。职能式组织结构的本质是将企业的主导业务分解成各个环节，并由相应部门负责执行，即按照职能设置部门及各部门之间的层级关系。当外界环境稳定、技术相对标准、不同职能部门间的协调相对简单时，这种结构形式是最有效的。

职能式组织结构的核心优势是专业化分工，因此，其部门和岗位的设置及名称是以"职能"、"专业"来称呼的。这种组织并不需要太多的横向协调，企业主要通过纵向层级来实现控制和协调。职能式组织结构的优势和不足如表 2-2 所示。

表 2-2　　　　　　　　职能式组织结构的优势与不足对比表

优　势	不　足
促进深层次技能的提高	对外界环境的变化反应较慢
促进组织实现职能目标	可能引起高层决策堆积、层级负荷加重
在中、小型企业规模下最优	导致部门间缺少横向协调，对组织目标的共识有限
一种或少数几种产品、服务时最优	导致缺乏创新

2. 直线职能式组织结构。直线职能式也称参谋制，是按经营活动的功能划分部门，各部门的独立性小，权利集中于高层管理者手中的一种高度集权的组织结构形式。其优势和不足如表 2-3 所示。

表 2-3　　　　　　　直线职能式组织结构的优势与不足对比表

优　势	不　足
权利集中，强化高层主管人员对组织的控制，有利于资源优化配置，发挥整体优势	易导致有关人员重视方法和手段而忽略目的和成果
按功能划分部门，可避免资源的重复配置，有利于专业化技能的不断提高和有效利用	集权式管理增加了高层领导人的协调工作，不能很好发挥中层管理者的积极性，易产生相互推诿的现象，减弱物流企业的效益和整体实力

3. 事业部式组织结构。事业部式组织部结构是在物流企业中实行的一种分权式的多分支单位的组织结构形式。在总经理的领导下，公司按地区，业务形式等设立事业部，各事业部有相对的责任和权利，并作为利润中心实行独立的财务核算，依据企业的战略方针和决策实行独立经营，但在人事政策，形象设计，投资决策等方面一般没有自主权。其优势和不足如表 2-4 所示。

表 2-4　　　　　　　事业部式组织结构的优势与不足对比表

优　势	不　足
各事业部统一管理，独立经营，调动了各经营部门的积极性，使统一管理与专业化分工有机结合，提高了经营管理的灵活性和对市场的适应性	集权和分权的程度有时难以掌握，处理不好会削弱统一性，协调难度大
总经理可从具体的经营管理事务中摆脱出来，对各个事业部门的经营管理着重放在事前的决策和事后的考核上，从而使企业最高领导成为强有力的决策机构	
各事业部实行专业化，发挥各自优势，整体与局部效益都很显著	

4. 矩阵式组织结构。在物流企业中，有时会根据业务项目或某些专门任务而成立跨部门的专门机构或项目小组，形成矩阵制组织结构。它是职能式和事业部制组织结构形式的组合，大多是临时设置，一个项目或业务运作完成后即取消。其优势和不足如表2-5所示。

表 2-5　　　　　　　矩阵式组织结构的优势与不足对比表

优　势	不　足
有弹性	容易导致员工对双重领导的迷惑
横向信息沟通容易	员工需要具备良好的沟通能力和获得培训
适应性强，协调配合好	为解决冲突，管理者将耗损较多时间

（三）物流企业职能部门的设置

根据组织结构设计"流程为中心"的原则，物流企业在进行职能部门设置之前，先充分研讨或重新梳理物流企业的主导业务流程，然后才能开始进行职能部门的设计。一般情况下，物流企业职能部门的设置要经历以下4个环节：明确管理层次和管理幅度，设置主要职能部门，设置辅助职能部门，确定部门间的协作关系。

（四）物流企业职位说明书的编制

职位说明书是企业对其所设职位的各种要求进行说明的文件，包括职位名称、上下级关系、任职条件、设置本职位的目的、本职位与企业内外部的沟通关系、主要职责范围、责任制度、考核标准等，是人力资源管理的基础性文件。

职位说明书的编制与企业的员工管理、薪酬体系设计、目标管理以及绩效考核都有着密切联系。因此，掌握职位说明书的编制方法并正确应用，对企业的管理者来说十分必要。

1. 职位说明书的内容。职位说明书的编写并没有一个统一的格式可循，不同行业的职位说明书各有其侧重点。一般来说，职位说明书包括职位标识、工作描述和任职资格3个方面的内容，如表2-6所示。

表 2-6　　　　　　　　　职位说明书的主要内容

内容	包含项目	具体说明
职位标识	职位编号	职位编号：企业根据自己的情况自行设置的内容，如某公司中的一岗位编号为HR-03-02，其中HR表示其属于人力资源部，03表示的是主管级别，02表示处于该职位上的员工在该部门全体员工中的顺序号
	职位名称	职位名称：反映该职位的主要职责内容，应尽量简洁、明确、具体

续表

内容	包含项目	具体说明
工作描述	职位概述	即对某职位主要职责进行简要说明，描述工作的总体性质，列出工作的主要功能或活动。在描述过程中，应尽量避免使用诸如"执行需要完成的其他任务"等模糊性语句，以免造成工作中责任归属的纠纷
	履行职责	即职位概述的具体化，将职位承担的职责及每项职责的主要任务和活动描述出来。例如，可将人力资源部经理"进行员工招聘、面谈、甄选"的任务具体为"对应聘者简历进行初步筛选"、"组织应聘者面试和二次筛选"、"考核新员工试用期内业绩并决定最终录用人选"等
	业绩考核标准	描述企业对员工所从事的各项工作的业绩期望，应列出业绩衡量要素和衡量标准。衡量要素表明业绩考核应从哪方面进行，而衡量标准则规定了到何种程度时工作才算完成
	沟通关系	主要说明任职者与组织内外部人员之间的联系情况，但要注意，不应将偶尔发生联系的部门和职位也列入沟通关系的范围之内
	工作条件	包括工作时间、地点要求、工作的物理环境条件以及为完成工作所需要使用的各种仪器、设备和工具等
任职资格	胜任该职位的要求	包括专业背景、学历水平、资格证书、工作经验、必要的知识与能力以及身体状况等，既是胜任该职位的基本要求，也是最低要求

2. 职位说明书编写注意事项。编制职位说明书时，对于任职条件中的学历、经验等项目要掌握适度，不可过于苛求，而在实际的人员选用上，也要根据任职者的实际能力进行适度放宽或严格遵守。同时，每个职位的职责划分清晰，各个职位间的职责既不能重叠，也不能留下空白。

3. 重视职位说明书的作用。职位说明书的"任职"条件可作为企业招募和录用新员工的依据；另外，物流企业还可以用职位说明书向新员工说明其所任职的上下级关系，本职位与企业内外部的沟通关系，主要职责范围，责任程度，考核标准等，使新员工明确自己在企业中的地位及应发挥的作用。同时，职位说明书是企业实现目标管理的途径。物流企业可以以职位说明书的主要职责范围、责任程度、工作内容、绩效考核指标等项目为依据，给各职位员工拟定具体的工作目标和年度、季度目标，从而进行目标管理。物流企业也可根据职位说明书中所确定的员工工作内容及绩效考核标准，结合各职位员工工作目标的完成情况进行考核，并依据考核结果决定对员工的奖罚。此外，物流企业可根据职位说明书的任职条件描述，找出任职者在任资格和工作能力上存在的差距，制订培训计划与方案，对员工进行继续教育、在职培训，为员工的职位普升和今后的发展提供依据，同时也为人力资源开发工作提供方向。故在校内仿真实习的前期准备中，模拟仿真的物流企业应充分重视组织机构自身的岗位职责说明书的编写。

三、实验环境与条件

知识准备：较为系统完整地掌握组织结构设计的知识、团队形成和运作的知识。

条件准备：《企业运作仿真综合实习教程》；搭建好仿真实习平台，组建8家以上的仿真生产制造企业与包括第三方物流企业、客户、供应商、政府、工商行政管理部门等外部机构在内的仿真实习环境；实习组织部门提供资料打印或复印设备，以便准备提交组织设计的相关资料。

四、实验流程

1. 宣布名单，构建第三方物流企业，一般由2~4名左右的物流管理专业学生组成一个第三方物流企业；
2. 了解第三方物流企业背景及主要业务；
3. 业务分工，建立部门，确定职责；
4. 划分层次，分配权力；
5. 设计组织结构图；
6. 编写岗位职责说明书；
7. 人员配备。

五、实验成果与评价

根据本实习项目完成情况及提交实习结果的及时性等综合考核与评价。

1. 组织结构图（占30%）；
2. 岗位职责说明书（占50%）；
3. 管理人员分工明细表（占20%）。

六、理论思考

1. 组织结构设计应该遵循哪些基本原则？
2. 常用的组织结构类型有哪些？各有什么优缺点？
3. 你在融入第三方物流企业这个团队的过程中，遇到什么样的困难，如何克服？

七、实验案例

顺捷物流有限责任公司组织架构和岗位职责

顺捷物流有限责任公司（S&J Logistics CO. LTD）是一家专门从事第三方物流业务的企业，公司主要业务有仓储、运输、代理报关等业务部门，整个公司各部门协调统一、运作有序，图2-1为本公司的组织架构及各部门的职责说明：

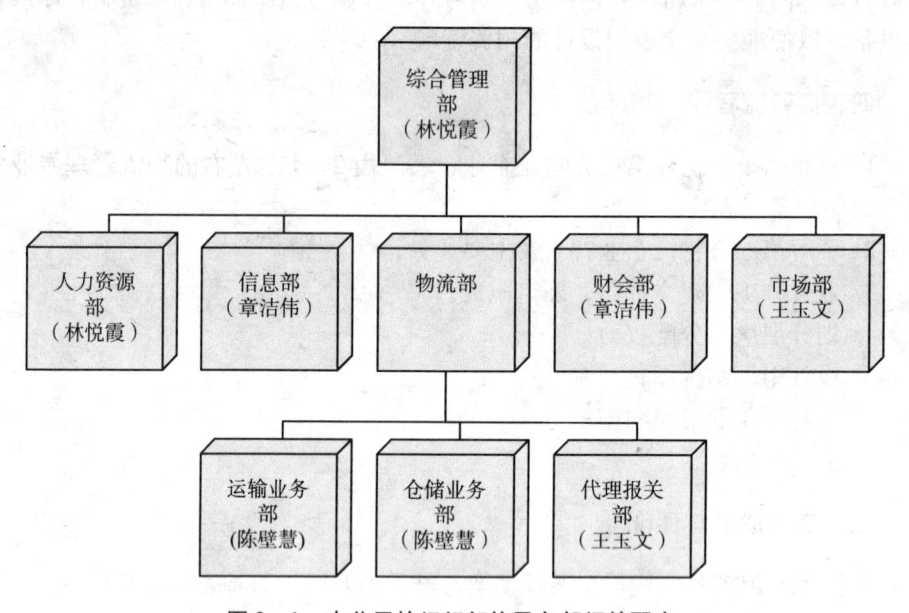

```
                    综合管理部
                    （林悦霞）
    ┌──────────┬──────────┼──────────┬──────────┐
  人力资源部   信息部      物流部      财会部      市场部
  （林悦霞） （章洁伟）               （章洁伟）  （王玉文）
                   ┌──────────┼──────────┐
                运输业务部   仓储业务部   代理报关部
                （陈壁慧）   （陈壁慧）   （王玉文）
```

图2-1 本公司的组织架构及各部门的职责

综合管理部职责：

对公司的一切重大经营运作事项进行决策，包括对财务、经营方向、业务范围的增减等。

制定企业战略和目标，创立企业文化，宣传公司的整体形象。

主持公司的日常业务活动，负责公司运营。

定期报告运营情况，提交月度报告、季度报告、年度报告。

人力资源部职责：

负责制定完善的公司人力资源政策，以及公司的劳动、人事、分配制度改革方案。

负责组织机构及岗位的设计、评价和改善工作，健全内部管理制度负责组织工作分析，岗位说明书的编写及人员的定岗定编工作。

负责制定符合公司发展战略的人力资源战略规划，制定公司的培训及职业生涯发展制度，并组织实施。

密切和全公司员工的沟通，合理进行人事调配，并即时修正人力资源政策和制度，以保证人力资源处于良好状态，使优秀人才能得以发挥优势、并获得相应的报酬和待遇。

负责员工招聘、聘任、岗位变动的管理工作，建立和维护员工档案。

负责制定员工绩效考核的标准和制度，并定期组织绩效考核、并对绩效考核结果进行分析。

负责建立畅通的沟通渠道，负责受理员工投诉，及时了解员工的想法和建议。

负责制定公司薪酬体系，编制工资、福利计划及员工薪资方案，并适时进行调整。

了解国家及地方劳动法律关系，处理劳资关系，办理员工劳动合同、社会保障等工作。

制定及完善公司内部的职称评聘体系。

负责组织公司员工的职称评定工作和社会保障工作。

信息部职责：

建立和完善有形建筑市场计算机信息管理系统，保证本交易中心和政府各部门办公信息、网络系统的正常运营；为建立和完善全省有形建筑市场计算机系统提供技术支持和管理咨询。

负责本交易中心建筑市场信息（招投标信息、政策法规信息、材料设备信息、科技人才信息、劳务分包信息）的收集、发布以及招标公告发布、网上投标报名等工作。

负责与各相关部门、专业市场（部门）、交易中心的建设工程信息交换、统一信息发布。

负责本交易中心计算机数据库中有关企业、中介机构、专业人员的资料核实及录入工作，负责投标企业身份识别卡的发放工作。

负责对招标交易过程中的档案资料整理归档及保管、鉴定、销毁工作，并按有关规定提供档案查询服务。

财会部职责：

在总经理领导下，承担集团财务管理、会计核算等事务。

严格执行《会计法》，遵守财务制度，组织财务人员准确、熟练地掌握财会工作各个环节的知识和技能，全面提高服务质量。

负责集团对外经营、对内服务中的使用票据的合法性、合理性和规范性的审核、报销，监督集团各部门正确贯彻执行国家财经政策，遵守财经纪律。

负责集团经费对上请领、内部调拨及经费的收、付工作。

定期对集团各部门的收支情况进行分析，及时向总经理汇报资金运转情况。

参与集团各部门经营管理预测和决策，参与各种生产经营会议，参与审核、审查等重要经济活动。

根据集团财力和发展编制财务预、结算表。

市场部职责：

围绕公司销售目标拟定市场开发计划。

现有市场分析和未来市场预测。

营销信息库的建立和维护。

消费者心理和行为调查。

消费趋势预测。

品牌推广、消费引导。

竞争对手分析与监控。

通路调研。

制订部门内部管理及分配、奖励办法。加强业务学习，不断提高综合素质和市场调控能力。

认真做好销售工作经济活动分析，根据市场动态，适时调整市场营销策略。

运输业务部职责：

按照车辆使用的规定，认真做好各种车辆的调度、使用和管理工作，确保按时出车，安全行驶，更好地为制造公司、供应商、客户服务。

负责组织全公司机动车辆的审验和驾驶人员执照的换发工作。

负责办理全公司机动车的养路费、车船税等工作。

教育驾驶人员加强车辆的保养，不定期的检查车辆状况，按照车辆管理规定抓好日常车辆维修保养工作。

搞好单车核算，降低成本，节约开支。

组织安排各种运输方式的合理安排，确定价格和成本。

完成集团领导交办的工作。

仓储业务部职责：

负责仓库的物料保管、验收、入库、出库等工作。

提出仓库管理运行及维护改造计划、支出预算计划，在批准后贯彻执行。

严格执行公司仓库保管制度及其细则规定，防止收发货物差错的出现。入库要及时登账，手续检验不合要求不准入库；出库时手续不全不发货，特殊情况须经有关领导签批。

负责仓库区域内的治安、防盗、消防工作，发现事故隐患及时上报，对意外事件及时处置。

合理安排物料在仓库内的存放次序，按物料种类、规格、等级分区堆码，不得混合乱堆，保持库区的整洁。

负责将物料的存贮环境调节到最适条件，经常关注温度、湿度、通风、鼠害、虫害、腐蚀等因素，并采取相应措施。

负责定期对仓库物料盘点清仓，做到账、物、卡三者相符，协助物料主管做好盘点、盘亏的处理及调账工作。

负责仓库管理中的入出库单、验收单等原始资料、账册的收集、整理和建档工作，及时编制相关的统计报表，逐步应用计算机管理仓库工作。

做到以公司利益为重，爱护公司财产，不得监守自盗。

代理报关部职责：

有权拒绝办理所属单位交办的单证不真实、手续不齐全的报关业务。

根据海关法及有关法律规定，对海关的行政处罚决定不服的，有权向海关申请复议，或者向人民法院起诉。

遵守国家有关法律、法规和海关规章，熟悉所申报货物的基本情况。

提供齐全、正确、有效的单证，准确填制进出口货物报关单，并按有关规定办理进出口货物的报关手续。

海关检查进出口货物时，应按时到场，负责搬移货物、开拆和重封货物的包装。

在规定的时间，负责办理交纳所报货物的各项税费手续、海关罚款手续和销案手续。

配合海关对企业的稽查和对走私、违规案件的调查。

协助企业完整保存各种原始报关单证、票据、函电等业务资料。

承担海关规定报关员办理的与报关业务有关的工作。

第二节 仿真物流企业的规章制度确立

一、实验内容

通过制定适合仿真环境第三方物流企业经营特点的一系列规章制度，学习企业规章制度的基本内容、制定程序和制定办法，为今后业务的正常开展打好基础，并理解国家有关法律法规、公司章程、仿真实习环境对制定制度的影响，加强企业的规范化管理，促进企业规范经营并进一步发展壮大，树立公司整体形象，提高经济效益。学习企业规章制度的制定程序、制定办法；制定规范第三方物流企业开展经营活动的各种管理制度和工作制度，为后续工作顺利进行打好基础。

二、相关知识提示

（一）规章制度的基本原理

企业的规章制度是组织管理过程中借以约束全体组织成员的行为，确定办事方法，规定工作程序的各种章程、条例、守则、规程、程序、标准、办法的总称。它是合理组织集体协作行为，规范个人活动，实行科学管理，维系企业组织正常运转的手段，是组织管理必不可少的一个环节。

制度规范包括的范围很广，从个人行为到企业形态、基本制度，从技术要求到业务规程、管理过程，涉及企业组织所有层次和所有方面。所有这些制度规范结合起来，实质上构成了管理过程中一套完整的约束系统。概括地说，企业的规章制度包括企业基本制度，管理制度，技术规范，业务规范和个人行为规范。

企业基本制度是企业的"宪法"，它是企业规章制度中具有根本性质的，规定企业的形成和组织方式，决定企业性质的基本制度。企业基本制度主要包括企业的法律和财产所有形式、企业章程、董事会组织、高层管理组织规范等方面的制度和规范。

管理制度是对企业管理各基本方面规定活动框架，调节集体协作行为的制度。管理制度是比企业基本制度层次略低的制度规范，用来约束集体性行为的一套自成体系的活动和行为的规范，主要针对集体而非个人，如各部门、各层次的职权、责任和相互间的配合、协调关系，各项专业管理规定（人事、财务、业务），信息沟通、命令服从关系等方面的制度。

技术规范是涉及某项技术标准、技术规程的规定。物流企业组织管理中经常碰到的主要有物流操作规范、运输保管要求、使用保养维修规定等方面。技术规范所约束的主要是业务活动。此外，个人行为也要受技术规范制衡。

业务规范是针对业务活动过程中那些大量存在、反复出现，又能摸索出科学处理办法的事务所制定的作业处理规定。业务规范多为定性的，程序性强，是人们用来处理常规化、重复性问题的有力手段，且大都有技术背景，以经验为基础，是概括和提高了的工作程序和处理方法，如安全规范、服务规范、业务规范、操作规范等。

个人行为规范是所有对个人行为起制约作用的制度规范的统称，它是企业组织中层次最低、约束范围最宽，但也是最具基础性的制度规范。个人行为规范是组织中对行为和活动约束的第一个层次，其效果好坏，程度如何往往是最高层次约束能否有效实现的先决条件。

（二）规章制度的制定过程

制度的形成和制定过程，一般有四个步骤：提出、讨论和审查、试行、正式执行。

提出是由有关部门和人员根据管理工作的需要，提出制度并制定要求，经上级有关部门和人员同意后，进行充分的调查研究，提出制度草案。

讨论和审查是指制度草案提出后，需要广泛征求相关各方的看法和意见，集思广益，充分讨论。在讨论、研究的基础上，改正其中不切实际和疏漏之处，与其他制度矛盾、重复之处，使制度草案进一步完善化。

试行是制度草案经上级管理部门审批后，可予以试行。试行的目的是为了在实践中进一步检验和完善，使之成熟化、合理化。

正式执行是指制度经过一段时间执行、完善后，即可稳定下来，形成正式的、具有"法律效果"的制度文本，按照确定的范围和时间正式执行。

三、实验环境与条件

知识准备：基本掌握企业管理、营销管理、筹资决策、投资决策、会计核算等经济管理类专业的专业知识；搜集可供参考的公司管理制度和工作制度。

条件准备：《企业运作仿真综合实习教程》；已经搭建好仿真实习平台，第三方物流企业拥有一定范围的经营场所；第三方物流企业需配置1台电脑，并安装了Office办公软件，连接校园局域网与互联网；已经制定第三方物流企业岗位责任制。

四、实验流程

1. 明确第三方物流企业的性质、组织结构及其岗位职责；

2. 理清第三方物流企业的经营业务种类，预计在仿真实习期间可能发生的业务类型；

3. 制定第三方物流企业管理制度大纲目录，包括第三方物流企业行政管理制度、人力资源管理制度、公司财务管理制度、第三方物流企业资产管理制度、第三方物流企业经营管理制度、第三方物流企业营销管理制度、档案管理制度等；

4. 撰写、修改、完善第三方物流企业各项管理制度；

5. 将第三方物流企业管理制度汇总，按照统一要求编辑排版并提交。

五、实验成果与评价

根据本实习项目完成情况及提交实习结果的及时性等综合考核与评价。
1. 第三方物流企业行政管理制度（占15%）；
2. 第三方物流企业人力资源管理制度（占10%）；
3. 第三方物流企业财务管理制度（占20%）；
4. 第三方物流企业资产管理制度（占10%）；
5. 第三方物流企业经营管理制度（占15%）；
6. 第三方物流企业营销管理制度（占15%）；
7. 第三方物流档案管理制度等管理制度（占10%）；
8. 第三方物流企业其他管理制度（占5%）。

六、理论思考

1. 制定公司管理制度的必要性与重要性体现在哪些方面？
2. 第三方物流企业管理制度体系应该包括哪些方面的内容？在经营管理过程中哪些制度是必须重点落实的？
3. 第三方物流企业经营管理制度的重点是什么？

七、实验案例

东方国际物流公司会计管理制度

一、总　则

一、为了适应我国社会主义市场经济发展的需要，加强股份有限公司会计工作，维护投资者和债权人的合法权益，根据《中华人民共和国会计法》、《中华人民共和国公司法》、《企业会计准则》以及国家其他有关法律、法规，制定本制度。

二、本制度由会计科目和会计报表以及相关附件组成。会计科目和会计报表规范基本业务的会计核算以及财务报告的编制和披露。

三、公司应当按照《企业会计准则》规定的一般原则和本制度的要求，进行会计核算，在不违背《企业会计准则》和本制度规定的原则下，可结合本公司的具体情况，制定本公司的会计制度。

四、公司应按以下规定运用会计科目:

(一) 本制度统一规定会计科目的编号,以便于编制会计凭证、登记账簿、查阅账目,实行会计电算化。公司不应随便打乱重编。在某些会计科目之间留有空号,供增设会计科目之用。

(二) 公司应按本制度的规定,设置和使用会计科目。在不影响会计核算要求和会计报表指标汇总,以及对外提供统一会计报表的前提下,可以根据实际情况自行增设、减少或合并某些会计科目。

明细科目的设置,除本制度已有规定者外,在不违反统一会计核算要求的前提下,公司可以根据需要,自行规定。

(三) 公司在填制会计凭证、登记账簿时,应填制会计科目的名称,或者同时填列会计科目的名称和编号,不应只填编号,不填科目名称。

五、公司应按以下规定编制和提供财务报告:

(一) 公司应当按照《企业会计准则》和本制度的规定,编制和提供合法、真实和公允的财务报告。

(二) 公司的财务报告由会计报表和会计报表附注组成。公司对外提供的财务报告的内容、会计报表种类和格式等,由本制度规定;公司内部管理需要的会计报表由公司自行规定。

(三) 公司向外提供的会计报表包括:

1. 资产负债表;

2. 利润表;

3. 现金流量表;

4. 有关附表。

(四) 会计报表附注主要包括以下内容:

1. 不符合基本会计假设的说明;

2. 会计政策的说明,包括合并政策、外币折算(包括汇兑损益的处理)、资产计价政策、租赁、收入的确认、折旧和摊销、坏账损失的处理、所得税会计处理方法等;

3. 会计政策和会计估计变更的说明;

4. 关联方关系及其交易的披露(关联方关系及其交易,按《企业会计准则——关联方关系及其交易的披露》规定的原则和方法披露);

5. 或有和承诺事项的说明;

6. 资产负债表日后事项的说明;

7. 资产负债表上应收、应付、存货、固定资产、在建工程、借款、应交税金、递延税款等重要项目的说明;

8. 盈亏情况及利润分配情况；

9. 资金周转情况；

10. 其他重大事项的说明。

（五）公司对外提供的财务报告分为月度财务报告、中期财务报告和年度财务报告。月度财务报告是指月份终了提供的财务报告；中期财务报告是指在每个会计年度的前六个月结束后对外提供的财务报告；年度财务报告是指年度终了对外提供的财务报告。

（六）中期财务报告应按以下原则编报：

1. 中期财务报告包括会计报表和会计报表附注。会计报表至少应包括资产负债表和利润表；会计报表附注应当披露所有特别重大的事项，如转让子公司等。

2. 中期财务报告采用的会计政策和会计处理方法一般应与年度财务报告一致，但年度会计报表附注中披露的除特别重大事项外，在中期财务报告中可不予披露。

3. 中期财务报告报出前发生的资产负债表日后事项、或有事项等，除特别重大事项外，可不作调整或披露。

（七）月度财务报告除特别重大事项外，可不提供会计报表附注。

（八）公司的财务报告应当报送当地财政机关、开户银行、税务部门、证券监管部门。需要向股东提供财务报告的，还应按有关规定向股东提供财务报告。公司的年度财务报告应当在召开股东大会年会的二十日以前置备于本公司，供股东查阅。

财政部门、开户银行、税务部门、证券监管部门对于公司报送的财务报告，在公司财务报告未正式对外披露前，有义务对其内容保密。

月度财务报告应于月份终了后六天内报出；中期财务报告应于年度中期结束后六十天内（相当于两个连续的月份）内报出；年度财务报告应于年度终了后四个月内报出。

（九）会计报表的填列以人民币"元"为金额单位，"元"以下填至"分"。

（十）公司对其他单位投资如占该单位资本总额50以上（不含50），或虽然占该单位资本总额不足50但具有实质控制权的，应当编制合并会计报表。合并会计报表的合并范围、合并原则、编制程序和编制方法，按照《合并会计报表暂行规定》执行。

公司在编制合并会计报表时，应当将合营企业合并在内，并按照比例合并方法对合营企业的资产、负债、收入、费用、利润等予以合并。

（十一）向外提供的会计报表应依次编定页数，加具封面，装订成册，加盖公章。封面上应注明：公司名称、地址、开业年份、报表所属年度、月份、送出日期等，并由公司法定代表人、总会计师（或代行总会计师职权的人员）和会计机构负责人签名或盖章。

六、公司按本制度规定的会计核算方法与有关税收规定相抵触的，应当按照本规定进行会计核算，按照有关税收规定计算纳税。

七、本制度自第八年1月1日起施行。

二、会计科目使用说明

第1001号科目 现金

一、本科目核算公司的库存现金。

公司内部周转使用的备用金，在"其他应收款"科目核算，或单独设置"备用金"科目核算，不在本科目核算。

二、公司收到现金，借记本科目，贷记有关科目；支出现金，借记有关科目，贷记本科目。

三、公司应设置"现金日记账"，由出纳人员根据收付款凭证，按照业务发生顺序逐笔登记。每日终了，应计算当日的现金收入合计数、现金支出合计数和结余数，并将结余数与实际库存数核对，做到账款相符。

有外币现金的公司，应分别人民币和各种外币设置"现金日记账"进行明细核算。

四、本科目期末借方余额，反映公司实际持有的库存现金。

第1002号科目 银行存款

一、本科目核算公司存入银行的各种存款。公司如有存入其他金融机构的存款，也在本科目核算。

公司的外埠存款、银行本票存款、银行汇票存款、信用卡存款、信用证保证金存款等在"其他货币资金"科目核算，不在本科目核算。

二、公司将款项存入银行或其他金融机构，借记本科目，贷记"现金"等有关科目；提取和支出存款时，借记"现金"等有关科目，贷记本科目。

三、银行存款的收款凭证和付款凭证的填制日期和依据：

（一）采用银行汇票方式。收款单位应将汇票、解讫通知和进账单送交银行，根据银行退回的进账单和有关的原始凭证编制收款凭证；付款单位应在收到银行签发的银行汇票后，根据"银行汇票申请书（存根）"联编制付款凭证。如有多余款项或因汇票超过付款期等原因而退款时，应根据银行的多余款收账通知编制收款凭证。

（二）采用商业汇票方式。其中：(1)采用商业承兑汇票方式的，收款单位将要到期的商业承兑汇票连同填制的邮划或电划委托收款凭证，一并送交银行办理转账，根据银行的收账通知，据以编制收款凭证；付款单位在收到银行的付款通知时，据以编制付款凭证。(2) 采用银行承兑汇票方式的，收款单位将要到期的银行承兑汇票连同填制的邮划或电划委托收款凭证，一并送交银行办理转账，根据银行的收账通知，据以编制收款凭证；付款单位在收到银行的付款通知时，据以编制付款凭证。收款单位将未到期的商业汇票向银行申请贴现时，应按规定填制贴现凭证，连同汇票一并送交银行，根据银行的收账通知，据以编制收款凭证。

第三节 仿真物流企业的注册登记开户

一、实验内容

准备第三方物流企业登记的相关事宜，备齐所需资料，前往本区工商行政管理局办理工商登记，取得第三方物流企业营业执照，前往税务部门办理税务登记，前往银行申请并开立银行结算账户；测算第三方物流企业第七年年末资金余额。通过对第三方物流企业注册登记进行实地操作，让第三方物流企业实习学生熟悉并掌握公司注册登记的条件、提交哪些文件及其登记注册的程序等，进一步了解企业的组织形式及其特点。通过办理税务登记，使学生掌握办理税务登记的主要要素，了解办理税务登记的主要过程和方法，领会纳税人进行税务登记的必要性。通过银行开户的实际操作，让学生了解第三方物流企业在银行可以开立哪些银行结算账户，不同类别银行结算账户的开立条件、用途等，并通过实际开立银行结算账户，使第三方物流企业的实习学生掌握开立公司银行结算账户的基本条件和基本程序及其所要提交的基本材料等。

二、相关知识提示

仿真综合实习中的工商行政管理部门、税务部门、银行是仿真物流企业实习环境的外部机构。这些外部机构的章程有别于现实中的管理机构章程。在仿真实习中，没有涉及管理部门的全部职能和全部经营业务，故仿真实习中的章程没有照搬实际部门的章程，仅针对虚拟实习环境中的外部机构提供相关管理和服务工作或相关业务，并设计了各外部机构的章程。

工商行政管理部门的主要业务包括公司注册登记、公司变更登记、资本变更登记、执行工商检查、监督并维护市场秩序、负责仿真市场各个公司的登记与审核工作等。税务部门的主要业务是税务登记、纳税申报、缴纳税款、发票管理、违法处罚等。银行主要业务包括开立账户、办理存款贷款业务、办理结算业务、代理出售政府债券和公司债券等。物流企业作为仿真实习中虚拟组织的一部分，必然会受到工商行政管理部门、税务部门、银行等外部机构的约束。物流企业应正确协调好与其他外部机构的关系，从仿真市场的实际情况出发，接受相应外部机构的监管，在规范和稳定的市场秩序下参与公平竞争。

三、实验环境与条件

知识准备：熟悉企业的法律形式及其特点；了解企业登记的一般性条件、需要准备的相关文件、登记注册的程序；复习与税务登记相关的知识，熟悉税务登记的过程和内容，了解实习手册中对税务登记的有关要求；了解金融管理的法律规范，例如《中华人民共和国中国人民银行法》、《中华人民共和国商业银行法》、《中华人民共和国银行业监督管理法》和《人民币银行结算账户管理办法》等。通过本实习，要求学生了解开立银行结算账户的基本知识。

条件准备：《企业运作仿真综合实习教程》；搭建好仿真实习平台，组建8家以上的仿真生产制造公司与包括租赁公司、客户、供应商、政府、工商行政管理部门等外部机构在内的仿真实习环境；已经组建为仿真市场提供金融产品服务的专门机构例如银行等；工商管理部门，税务部门，金融部门等外部机构部门应有一定的办公场所；相关部门需配置1~2台电脑；实习组织部门提供资料打印或复印设备，并安装了Office办公软件，连接校园局域网与互联网，条件如果具备可安装税收征管软件，在征管软件中完成税务登记业务。

四、实验流程

1. 学习《中华人民共和国公司法》有关规定，向工商管理局咨询公司登记有关事宜；
2. 准备第三方物流企业登记所需各种材料；
3. 进行工商登记；
4. 取得第三方物流企业营业执照；
5. 熟悉相关的业务知识和业务规则，并领取相关表格；
6. 填写《税务登记表》；
7. 办理税务登记；
8. 取得《税务登记证》；
9. 相关资料的分类、保存；
10. 查找并学习中国人民银行颁布的《人民币银行结算账户管理办法》中有关开立银行结算账户的规章，明确本公司需要开立银行结算账户的具体类别与用途；
11. 向仿真市场银行咨询办理银行结算账户的具体程序、要求及其提交的具体材料；

12. 准备办理本公司银行结算账户的相关材料；
13. 携带相关材料前往银行具体办理本公司银行结算账户。

五、实验成果与评价

根据本实习项目完成情况及提交实习结果的及时性等综合考核与评价。
1. 第三方物流营业执照（占5%）；
2. 第三方物流企业章程（占15%）；
3. 第三方物流企业名称及其标识（占5%）；
4. 设计第三方物流企业VI系统（占25%）；
5. 开立银行结算账户所提交的材料（占20%）；
6. 银行开具的结算账户证明（占15%）；
7. 公司第七年年末银行结算账户资金余额（占15%）。

六、理论思考

1. 第三方物流企业可选择的法律形式有哪些？各有何优缺点？
2. 为什么制定第三方物流企业章程很重要？
3. 第三方物流企业章程中需要明确哪些重要事项？
4. 办理税务登记的必要性？
5. 办理税务登记的业务过程？
6. 纳税人进行税务登记前需提交的资料有哪些？
7. 纳税人在什么情况时需进行变更税务登记？
8. 中国人民银行颁布的《人民币银行结算账户管理办法》的主要内容包括哪些？
9. 第三方物流企业可以开立哪些银行结算账户？为什么？
10. 向银行申请开立银行结算账户为什么要提交一系列证明材料？
11. 申请人开立基本存款账户和一般存款账户提交的材料有什么不同？
12. 向银行申请开立基本存款账户需要提供哪些材料？

七、实验案例

枫丹国际物流有限责任公司章程

第一章 总 则

第一条 本章程依据《中华人民共和国公司法》（以下简称《公司法》）及

有关法律、行政法规规定制定。

第二条 本章程条款如与国家法律、法规相抵触的，以国家法律、法规规定为准。

第三条 企业类型：有限责任公司

第二章 公司名称和住所

第四条 公司名称为：枫丹国际物流有限责任公司（以下简称公司）。
公司住所：广东商学院实验楼S301
邮政编码：510320

第三章 公司经营范围

第五条 公司经营范围：第三方物流公司在本地市场、国内市场和国际市场提供三种物流相关服务：仓储、运输和代理报关。

第四章 公司投资总额、注册资本

第六条 注册资本为5 000万美元

第五章 投资者姓名（或名称）、注册地

第七条 公司合作者共有四个，分别是：陈亚运，陈玉君，罗国强，高庚龙
公司名称：枫丹国际物流有限责任公司，注册地：中国广东省广州市，法定代表人：陈亚运，地址：广东商学院实验楼S301，企业法人营业执照注册号：

第八条 公司股东应当依照法律、法规的规定和合作公司合同的约定，如期履行缴足投资、提供合作条件的义务。逾期不履行的，由工商行政管理机关限期履行；限期届满仍未履行的，由审查批准机关和工商行政管理机关依照国家有关规定处理。

第六章 公司的股权转让

第九条 公司股东之间相互转让或者合作一方向合作他方以外的他人转让属于其在合作公司合同中全部或者部分权利、义务的，须经合作他方书面同意、并报审查批准机关批准。并自审批机关批准之日起30日内向登记机关申请办理变更登记。

第七章 组织机构

第十条 公司设立董事会。董事会是公司的权力机构，按照公司章程的规

定，决定公司的重大问题。董事任期届满，委派方继续委派的，可以连任。

第十一条 董事会会议每年至少召开一次，由董事长召集并主持。董事长因特殊原因不能履行职务时，由董事长指定副董事长或者其他董事召集并主持。1/3以上董事可以提议召开董事会会议。

董事会会议应当有2/3以上董事出席方能举行、不能出席董事会会议的董事应当书面委托他人代表其出席和表决。董事会会议做出决议，须经全体董事的过半数通知。董事无正当理由不参加又不委托他人代表其参加董事会会议的，视为出席董事会会议并在表决中弃权。

召开董事会会议，应当在会议召开的十天前通知全体董事。

董事会也可以用通讯的方式做出决议。

第十二条 下列事项由出席董事会会议的董事一致通过，方可做出决议：

（一）公司章程的修改；

（二）公司注册资本的增加或者减少；

（三）公司的解散；

（四）公司的资产抵押；

（五）公司合并、分立和变更组织形式；

（六）各方约定由董事会会议一致通过方可做出决议的其他事项。

第十三条 公司设总经理一人，由董事会聘任、解聘。负责公司的日常经营管理工作，对董事会负责。

经董事会聘任，董事可以兼任公司的总经理或者其他高级管理职务。

总经理及其他高级管理人员不胜任工作任务的，或者有营私舞弊或者严重失职行为的，经董事会决议，可以解聘，给公司造成损失的，应当依法承担责任。

第八章 附 则

第十四条 本章程未规定的事项，包括有关合作公司的职工招聘、培训、劳动合同、工资、社会保险、福利、职业安全卫生等劳动管理事项及合作公司的财务、会计审计制度等，均应适用中华人民共和国有关法律、行政法规。

第三章 仿真物流企业的战略与计划

第一节 仿真物流企业的战略管理

一、实验内容

学习物流战略的基本类型和制定程序；选择适合第三方物流企业开展各项业务的经营战略，为今后业务的正常开展打好基础。通过制定第三方物流企业的战略，选择适合物流企业自身内部条件和外部物流市场环境的经营战略，更好地为其他仿真公司及管理机构服务，充分发挥第三方物流企业在仿真市场中的重要作用。

二、相关知识提示

物流战略是指为寻求物流的可持续发展，就物流发展目标以及达到目标的途径与手段而制定的长远性、全局性的规则与保证，是物流经营者在物流系统过程中通过物流战略设计、战略实施、战略评价与控制等环节，调节物流资源、组织结构等，最终实现物流系统宗旨和战略目标等一系列动态过程的总和。物流战略的形成是物流战略管理的首要环节，并决定了整个物流战略系统的运行。在拟定物流战略时，要结合企业资源情况，获取资源的途径与能力等特点综合分析，并按战略协同、寻求优势、有限合理的基本原则指导物流战略管理的运行。

（一）物流战略类型

物流战略类型，是指依据不同的标准对物流战略的划分。这有助于更深刻的认识所拟定的物流战略的基本特点，进一步完善物流战略规划方案。物流企业通常可以按服务项目、发展方向、战略行为和战略重点等方面划分物流战略类型，见表3-1。

表3-1　　　　　　　　　　　物流战略类型的基本划分

划分依据	物流战略类型
服务项目	准时货运集散战略、快速货运集散战略、整车货运集散战略、成组货运集散战略、专项货运集散战略、国际货运集散战略等
发展方向	物流服务导向战略、市场需求导向战略、专业技术导向战略、规模经营导向战略、资源优化导向战略、实时响应导向战略等
战略行为	扩张性物流战略、稳定型物流战略、收缩型物流战略、关系型物流战略等
战略重点	物流系统生存战略、经营战略、发展战略等

（二）物流战略方案的制定

制定物流战略方案，必须做好两个方面的基础工作。即对企业的外部环境和内部条件进行分析。

外部环境的分析主要分析物流需求客户市场和物流供应市场。客户市场分析，主要分析需求量、需求发展趋势、需求竞争态势、市场的政治经济条件和管理水平等；物流供应市场分析，主要分析物流供应的能力、供应水平、供应商的分布、供应竞争的态势、市场的政治经济条件和管理水平等。目的是弄清外部环境提供的风险和机遇。

内部条件的分析主要分析物流内部资源，应考虑物流企业的财务状况、员工技能、技术水平以及那些能反映物流企业当前工作状况的信息资料。目的是弄清物流企业自身所具有的优势和劣势。

（三）物流企业经营战略

物流企业经营战略方案制定与选择既要取决于自身内部条件，又要取决于物流市场经营环境。物流市场是在运输市场、仓储市场的基础上发展起来的综合性服务市场，不同于单一功能的运输市场和仓储市场，物流过程所提供的是超出一般运输和仓储的增值服务。从物流企业制定经营战略的角度，可以从根据企业物流服务的范围大小和物流功能的整合程度这两个标准确定物流企业类型，进而确定选择相应类型的经营战略。物流服务的范围主要是指业务服务区域的广度、运送方式的多样性、保管和流通加工等附加服务的广度；物流功能的整合性是指企业自身所拥有的提供物流服务所必要的物流功能多少，必要的物流功能是指包括基本的运输功能在内的经营管理、集配、流通加工、信息、企划战术等功能。不同类型的物流企业在市场竞争中采取的经营策略有很大区别。按照上述两个标准可将物流企业分成四种经营类型，如图3-1所示。

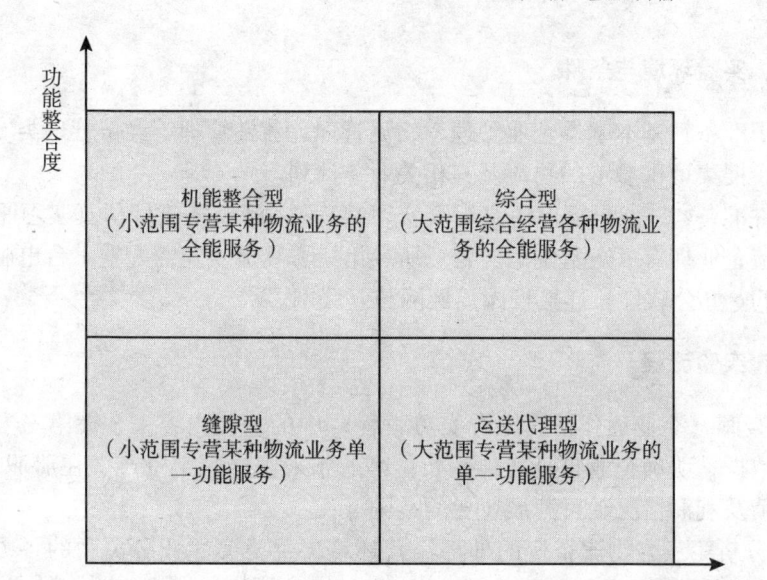

```
        功
        能         机能整合型              综合型
        整       （小范围专营某种物流业务的  （大范围综合经营各种物流业
        合              全能服务）        务的全能服务）
        度

                  缝隙型               运送代理型
               （小范围专营某种物流业务单  （大范围专营某种物流业务的
                   一功能服务）           单一功能服务）

                                                          服务范围
```

图 3-1　面向经营战略的物流企业分类

资料来源：罗纳德·H·巴罗：《企业物流管理——供应链的规划、组织和控制》，机械工业出版社 2003 年版。

1. 综合型物流企业。

这类物流企业物流服务功能整合程度高，服务范围广，综合服务能力强，属于物流业界的先驱，它是一种综合型物流企业。这种企业的业务范围往往是全国或世界规模，因此也被称为超大型物流业者，能应对货主企业的全球化经营从事国际物流。

2. 机能整合型物流企业。

这类物流企业物流服务功能整合度高、服务狭窄、专业领域服务能力强。它能对专业性较强的经济领域提供全面的系统化物流服务，选择目标市场，实行专业化经营策略。

3. 运送代理型物流企业。

这类物流企业物流服务范围广，功能整合度较低，为供需双方提供服务。它在货主和承运人之间起桥梁作用以满足客户的需要，实行个性化的服务策略，因而能够灵活应对市场环境的变化。

4. 缝隙型物流企业。

这类物流企业服务功能整合度低，物流服务范围窄，它提供差别化、低成本物流服务，采取拾遗补缺的细分市场策略。

三、实验环境与条件

知识准备：基本掌握企业管理、物流管理、营销管理等经济管理类专业的专业知识；搜集可供参考的物流及其相关业务计划。

条件准备：《企业运作仿真综合实习教程》；已经搭建好仿真实习平台，第三方物流企业拥有一定范围的经营场所；第三方物流企业需配置1台电脑，并安装了Office办公软件，连接校园局域网与互联网。

四、实验流程

1. 查阅《企业运作仿真综合实习教程》中的相关内容，掌握第三方物流企业基础数据，明确企业自身条件，如：第七年末主要固定资产、在册职工信息、资产负债及利润情况、可开展业务的范围等；
2. 分析第三方物流企业的外部经营环境，主要关注业务关联的各方，并重视对仿真综合实习中宏观环境的分析；
3. 制定、修改、完善物流企业的经营战略。

五、实验成果与评价

根据本实习项目完成情况及提交实习结果的及时性等综合考核与评价。
制定第三方物流企业的经营战略（占100%）。

六、理论思考

1. 战略管理的制定对企业的重要意义是什么？
2. 战略管理执行的关键是什么？
3. 第三方物流企业在制定战略管理中遇到什么问题？如何解决？

七、实验案例

迅博国际物流有限公司3年战略规划

迅博国际成立于2001年，公司注册资本为人民币220 000万元。为仿真市场提供汽运整车、零担、包装打箱、集装箱、货物集散、仓储、装卸、运输、配送"一条龙"服务；代理铁路货运、港口货运、国际货运、国际物流业务。提供整箱（FCL），拼箱（LCL），报关，商检等一条龙的海洋运输进出口服务。

公司使命

公司提供方便快捷的第三方物流服务,是企业最齐全、最富代表性的物流服务提供商。让企业能够以较低的成本,完成货物的仓储、运输以及报关等各项业务,为制造企业的正常生产提供优质的物流支持。

我们的业务是什么?

仓储、运输、代理报关

顾客是谁?

仿真市场的制造企业、供应商、客户。

哪些是对顾客有价值的东西?

较低的价格、贴心的服务、时间上的节省。

我们的业务将会怎样?

以企业物流服务为主,通过收取一定的物流服务费如运输费、仓储费用、代理报关服务费,以获取盈利。

我们的业务应该如何?

以较低的成本,优质的服务来吸引客户,通过为客户量身订造的物流计划来取得客户的认可。不断扩大企业的规模,增加对市场适应能力,争取以更低的价格,更优质的服务获取更多的业务。采取网上发布信息和主动上门推广的方式取得更多的业务。同时更加的注重服务质量,形成较好的品牌形象。

SWOT 分析

外部环境分析(机会和威胁分析)

仿真市场中有供应商4家,制造公司16家,客户公司8家,在仿真市场的3年经营过程中,会产生大量的原材料流,半成品流、产成品流,以及仓储、代理报关的需求。制造企业出于成本还有物流质量的考虑,在自营一小部分的物流业务之外,大部分的业务都会选择外包。所以作为仿真市场上的物流服务商将会有广阔的市场。

仿真市场内有4家物流公司,其之间是完全竞争的关系。每一家公司所具有的资源都是平等的,所以在业务量有限的情况下,其之间的竞争十分的激烈,企业的经营也有一定的困难。加上目前的市场正在受金融危机的影响,市场环境不容乐观。

内部环境分析

公司现在人员比较团结,有比较好的企业文化氛围。在管理上能够做到比较高的质量。各项业务也有一定的忠实客户,发展的潜力和空间还是比较大的。

公司现在的规模有限,拥有的运输,仓储的设施十分的有限,人员也比较紧缺。当业务量大的时候,必须要考虑设施设备的租赁,这就会产生一定的市场风险。

目标制定

第一年目标：提升业务量，提高企业的影响力。

第二年目标：进一步优化成本，满足顾客多样化需求，实现收支的增长。

第三年目标：仿真市场上具有实力的物流服务商之一，企业规模扩大，企业的利润率提高到8%以上。

战略制定

差异化（在服务、质量、风格或技术上成为领导者——但并不是在所有这些领域里都是领头羊）+集中化（细分市场，在深入了解这些细分市场的基础上采用差异化战略）

计划制定和执行

做好运输调动计划，仓库运营计划，财务计划、人员安排等，保证各项活动有条理的开展。

反馈与控制

做正确的事情要比正确地做事情更重要，时刻关注不断变化的形势，灵活调整战略计划。

第二节　仿真物流企业的计划管理

一、实验内容

学习企业计划的基本内容、制定程序、制定办法；制定规范第三方公司开展各项业务的业务计划，为今后业务的正常开展打好基础。通过制定第三方物流企业的计划，规范物流业务及代办业务的管理，更好地为其他仿真公司及管理机构服务，充分发挥第三方物流企业在仿真市场中的重要作用。

二、相关知识提示

计划是管理者进行控制的基础；是应对不确定性、降低风险的手段；是减少浪费、提高效益的方法；是管理者指挥的依据。因此，物流企业对一切工作的管理都必须始于计划和终于计划。物流企业的计划是对物流企业经营活动及其所需各种资源，从时间和空间上做出具体统筹安排的工作。

（一）物流企业计划的类型

由于企业活动的复杂性与多元性，计划的种类也变得十分复杂和多样。根据不同的背景，不同的需要编制出各种各样的计划。去除计划的具体内容，寻找各种计划中共性的东西，可以根据几种原则把计划进行大体上的分类。

1. 按计划的时间界限划分，可把计划分为长期，中期和短期计划。通常习惯把 1 年或 1 年以下的计划称为短期计划，1 年以上到 5 年的计划称为中期计划，而 5 年以上的计划称为长期计划。但这种划分不是绝对的。

2. 按计划制定者的层次划分，可把计划分为战略计划、管理计划和作业计划。战略计划是由高层管理者制定的。它决定一个组织的基本目标及基本政策。它对管理计划和作业计划具有指导作用。管理计划是由中层管理者制定的，它将战略计划中具有广泛性的目标和政策转变为确定的目标和政策，并且制定达到各种目标的确切时间。作业计划是由基层管理者制定的。作业计划根据管理计划确定计划期间的预算利润以及其他更为具体的目标，确定工作流程，划分合理的工作单位，分派任务和资源，以及确定权力和责任。

3. 按物流环境内容划分，把计划分为运输计划、仓储计划、搬运装卸计划等。运输计划是对物资运输量和所需运输工具所编制的计划。它是合理组织物流运输的重要前提。对于节约运力、降低费用、促进运输管理合理化等具有重要意义。运输计划按交通工具划分有：铁路运输计划、水路运输计划、公路运输计划、航空运输计划等。各种运输计划内容不完全相同，但一般都有物资品名、起运站、到达站等项目和运输量指标等内容。运输计划的编制，一般要在合理选择运输路线和运输工具的基础上，计算确定货运量，再经过讨论，修改，编制出运输计划。

仓储计划是安排仓储业务，保证进销业务正常开展的前提。根据仓库业务活动的内容，仓储计划包括物资出入库计划，仓位利用和物资保管保养计划，仓库设备、工具维修和技术计划，仓库劳动力安排计划，仓库费用计划。

搬运装卸计划是运输和储存计划的重要补充。它的编制是为了消除无效搬运，提高搬运灵活性，促进搬运装卸作业的合理化，保持物流的均衡流畅。

（二）物流企业计划制定的步骤

在制定物流企业各层次、各类别计划时，一般遵循以下步骤。

1. 明确企业的使命。计划工作起源于物流企业的使命和宗旨，物流企业使命就是物流企业在社会、经济发展中所应担当的角色和责任。物流企业的宗旨是物流企业在现在和将来从事什么样的事业活动，以及应成为什么性质的企业或组织类型。企业使命和宗旨是从总体上引导企业方向、发展道路的改变，是企业制订计划的前提和计划方案的依据，也就是企业分配资源的依据。

2. 估量机会，确定目标。包括对当前情况的评估，未来的预测，确定的目标。其中，当前情况评估是指物流企业对自身的优势和劣势、外部环境的机会和威胁进行分析，即 SWOT 分析，重点是对内部资源与外部关系基本的判断。内部资源主要应考虑物流企业的财务状况、员工技能、技术水平以及那些能反映物流企业当前工作状况的信息资料。外部关系包括企业与供应商、服务对象、银行等公共群体之间的关系。

3. 制定多套方案。要尽量发掘可供选择的行动方案，只有发掘了各种可行的方案才有可能从中抉择出最佳方案。

4. 评价、选择方案。在找出了各种可供选择的方案和检查了它们的优缺点后，就应权衡各种可供选择的方案的轻重，对方案进行评价。一般来说，评价备选方案的工作往往是复杂的。除了依靠管理者的经验进行判断外，还常常需要借助于运筹学、数学方法和相关技术等各种手段来进行方案评价。

5. 拟定派生计划。选定一个基本的计划方案后，还必须围绕基本计划制定一系列派生计划辅助基本计划的实施，如投资计划、人员的配套计划、培训计划等。

6. 用预算使计划数字化。在做出决策和确定计划后，赋予计划含义的最后一步就是要把计划转变为预算。所谓预算是用数字的形式表示组织在未来某一确定期间的计划，是计划的数量说明，是用数字形式对预期结果的一种表示。预算是数字化的计划，是企业各种计划的综合反映，也是一个单位的经济目标。

总之，物流企业计划应体现全局性、效益性、平衡性、应变性及大宗性等特点。其中，全局性是物流企业的发展必须与整个物流系统、行业、地区乃至国家的发展相互协调及适应性；效益性是指以经济效益及社会效益最大化原则安排物流活动；平衡性是指物流活动的各个环节、阶段在时间和空间上相互配合；应变性是指物流企业计划中要考虑到未来不确定因素的影响；大宗性是指物流应体现广大管理者及一般职员的利益。

三、实验环境与条件

知识准备：基本掌握企业管理、物流管理、营销管理等经济管理类专业的专业知识；搜集可供参考的物流及其相关业务计划。

条件准备：《企业运作仿真综合实习教程》；已经搭建好仿真实习平台，第三方物流企业拥有一定范围的经营场所；第三方物流企业需配置1台电脑，并安装了Office办公软件，连接校园局域网与互联网；已经制定第三方物流企业工作管理制度。

四、实验流程

1. 明确第三方物流企业的经营业务种类，预计在仿真实习期间可能发生的业务类型；

2. 区分计划类型，撰写各项业务计划（一般为1年以上的长期计划）；
3. 修改、完善各项计划。

五、实验成果与评价

根据本实习项目完成情况及提交实习结果的及时性等综合考核与评价。
1. 第三方物流企业仓储计划（占20%）；
2. 第三方物流企业运输计划（占20%）；
3. 第三方物流企业代理报关计划（占20%）；
4. 第三方物流企业采购计划（占20%）；
5. 第三方物流企业财务管理计划（占20%）。

六、理论思考

1. 计划管理的制定对公司的重要意义是什么？
2. 计划管理执行的关键是什么？
3. 第三方物流企业在制订计划管理中遇到什么问题？如何解决？

七、实验案例

环球物流有限公司第八年度经营计划

经过对宏观形势和公司现状的认真研究、分析，现确定公司第八年度公司工作的指导思想为：进一步完善公司内部控制，提升公司治理水准；加大公司宣传力度和融资力度，进一步增强公司资本实力；加强人力资源管理，提升人力资本价值。

（一）积极稳妥，实现企业快速发展

第八年度，公司在上一年盈利213 060元的基础上，以稳健、稳妥、适度扩张为指导思想，着力做好土地及项目储备工作，加大资产结构调整力度，优化资产结构，实现效益水平的快速提升，力争使本年度盈利额达到258 000元。

（二）加大公司宣传力度，积极扩展国内市场

公司在进行变更登记之后，大力弘扬企业文化，加大公司内外部整合，大力拓展国内市场。

（三）加强品牌建设，提高品牌知名度和美誉度

将品牌建设贯穿于物流各个环节；加强对项目的精细化管理，从物流业务流程、售后服务等方面提高专业水平，提升公司品牌形象。

（四）发挥运用好各种融资手段，打造强健资金链

一是充分利用现有的一切资源，提高运营效率，加大资金回笼力度；二是做好相关准备工作，积极进行资本市场新运作；三是加强与商业银行的紧密联系，增加公司信贷规模；四是积极探索与信托、基金、保险等非银行金融机构的合作方式，进一步拓宽融资渠道，采取灵活的融资手段，降低融资成本。

（五）探索物流业运行新模式，实施合作开发战略，强强携手，共赢共荣

宏观调控的必然结果之一是加速行业资源和品牌的整合，优胜劣汰。公司要在发展中适度引入协同效应强的战略投资者，增强获取资源能力；还要在与基金、投资机构等公司进行多层次的接触和谈判中积极寻求合作机会。

第二篇

业务管理篇

第四章 仿真物流企业的采购业务管理

第一节 仿真物流企业的采购计划

一、实验内容

学习企业采购计划的基本内容、制定程序、制定办法；制定第三方公司开展采购的业务计划，为今后业务的正常开展打好基础。修改和完善第三方物流企业的采购计划，规范物流企业采购业务的管理，充分发挥第三方物流企业在仿真市场中的重要作用。

二、相关知识提示

采购计划是企业为了维持正常的产销活动，对在某一特定的期间内应在何时购入多少何种材料的一种预先安排。在仿真物流企业的实习环境认知中已经探讨过，物流企业的供应商是向物流企业及其竞争对手提供所需各种资源（人、财、物、信息、技术等）的组织机构或个人。也就是说，物流企业为了维持自身正常的物流服务活动，在某一特定的期间内会向物流企业的供应商购入多少何种资源做出一种预先安排，这种预先安排就是物流企业的采购计划。物流企业对于采购的基本要求是保证供应，不能缺货；保证质量，控制成本；掌握资源市场信息，进行供应链操作和供应链管理。

本项目实验聚焦的仿真物流企业的采购计划，显然隶属于具体业务计划。采购计划的制订必然遵循物流企业的计划管理的一般要求。

采购计划的编制主要有以下几个环节：

（一）准备订单计划

准备订单计划主要分为四个方面的内容：

1. 了解市场需求。市场需求是启动生产供应程序的基础，要想制定比较准确的订单计划，首先必须掌握市场需求计划或者是市场销售计划。市场需求的进一步分解便得到生产需求计划。企业的年度销售计划一般在上年的年末制定，并报送各个相关部门，同时下发到销售部门、计划部门、采购部门，以便指导全年的企业运转；根据年度计划，再制定季度、月度的市场销售需求计划。

2. 了解生产需求。通常生产需求是订单计划的主要来源。为了便于理解生产需求，采购计划人员需要深入分析生产计划。对于物流企业而言，物流企业的生产就是提供物流服务产品，深入分析物流企业的生产计划意味着深入分析物流企业的物流服务产品计划。

3. 准备订单背景资料。订单背景是在订单物流的认证完毕之后形成的，订单背景资料主要包括：订单物料的供应商信息；订单比例信息（对有多家供应商的物料来说，每一个供应商分摊的下单比例称为订单比例，该比例由供应商管理人员规划并给予维护）；最小包装信息；订单周期。

4. 制定订单计划说明书。制定订单计划说明书，就是准备好订单计划所需要的资料，其主要内容包括：订单计划说明书；附件，如订单背景资料等。

（二）评估订单需求

评估订单是采购计划中一个非常重要的环节。只有准确地评估订单需求，才能为计算订单容量提供依据，以便制定出好的订单计划。它主要包括以下三个方面的内容：

1. 分析市场需求。市场需求和生产需求是评估订单需求的两个重要方面。一方面，订单计划首先要考虑的是企业的生产需求，生产需求的大小直接决定了订单需求的大小；另一方面，制定订单计划还得兼顾企业的市场战略以及潜在的市场需求等；此外，制定订单计划还需要去分析市场资料的可信度。

2. 分析生产需求。分析生产需求是评估订单需求首先要做的工作。要分析生产需求，首先就需要研究生产需求的产生过程，其次再分析生产需求量和要货时间。

3. 确定订单需求。根据对市场需求和对生产需求的分析结果，可以确定订单需求。通常来讲，订单需求的内容是：通过订单管理，在未来的指定时间内，将指定数量的合格物料采购入库单。

（三）计算订单容量

计算订单容量是采购计划中的重要组成部分。只有准确地计算好订单容量，才能对比需求和容量，经过综合平衡，最后制定出正确的订单计划。计算订单容量主要有以下四个方面的内容：

1. 分析供应资料。对于采购工作来讲，所要采购物料的供应商的信息是非常重要的一项信息资料。没有供应商供应物料，无论是生产需求还是紧急的市场需求，一切都无从谈起。

2. 计算总体订单容量。总体订单容量是多方面内容的组合，其中主要是两个方面：一是可供物料的数量，另一方面是可供给的物料的交货时间。

3. 计算承接订单容量。承接订单是指某供应商在指定的时间内已经签下的订单。

4. 确定剩余订单容量。剩余订单容量是指某物料所有供应商群体的剩余的可供物料的总量，可用下面的公式表示：

剩余订单容量 = 物流供应商群体订单容量 − 已承接订单量。

（四）制定订单计划

制定订单计划是采购计划的最后一个环节，也是最重要的环节。主要包括以下四个方面的内容：

对比需求与容量。对比需求与容量是制定订单计划的首要环节，只有比较出需求与容量的关系才能科学地制定订单计划。

综合平衡。综合平衡是指综合考虑市场、生产、订单容量等要素，分析物料订单需求的可行性，必要时调整订单计划，计算容量不能满足的剩余订单需求。

确定余量计划。在对比需求与容量的时候，如果容量小于需求就会产生剩余需求，对于剩余需求，要提交计划制定者处理，并确定能否按照物料需求规定的时间及数量交货。

制定订单计划。制定订单计划是采购计划的最后一个环节，订单计划做好之后就可以按照计划进行采购工作了。一份订单包含的内容有下单数量和下单时间两个方面。

下单数量 = 生产需求量 − 计划入库量 − 现有库存量 + 安全库存量

下单时间 = 要求到货时间 − 认证周期 − 订单周期 − 缓冲时间

三、实验环境与条件

知识准备：基本掌握企业管理、物流管理、营销管理等经济管理类专业的专业知识；搜集可供参考的物流相关业务计划。

条件准备：《企业运作仿真综合实习教程》；已经搭建好仿真实习平台，第三方物流企业拥有一定范围的经营场所；第三方物流企业需配置1台电脑，并安装了Office办公软件，连接校园局域网与互联网；已经制定第三方物流企业工作管理制度。

四、实验流程

1. 了解目前仿真市场中各参与主体对仓储、运输、代理报关等业务的需求情况；

2. 预测下一年度或下一周期仿真市场的仓储、运输、代理报关等服务需

求量;

3. 分析公司目前的仓库、卡车、其他运输设备等供给能力,与预测的仿真市场物流相关服务需求进行对比,确定是否需要进行相关物资的采购;

4. 制定、修改、完善第三方物流企业的采购计划。

五、实验成果与评价

根据本实习项目完成情况及提交实习结果的及时性等综合考核与评价。
第三方物流企业采购计划(占100%)。

六、理论思考

1. 采购计划的制定对物流企业的重要意义是什么?
2. 第三方物流企业在制定采购计划中遇到什么问题?如何解决?

第二节 仿真物流企业的采购模式

一、实验内容

学习企业采购模式的基本类型;明确规范第三方公司开展采购管理时可采取的模式,为今后业务的正常开展打好基础。通过学习第三方物流企业的采购模式相关理论,明确物流企业采购管理期间可采取的采购业务模式,充分发挥第三方物流企业在仿真市场中的重要作用。

二、相关知识提示

采购模式包括集中采购与分散采购、联合采购、询价采购、即时制采购、电子采购和招标采购等。

(一) 集中采购与分散采购

集中采购与分散采购是两个相对的概念。集中采购是指企业在核心管理层建立专门的采购机构,统一组织企业所需物品的采购进货业务。它以组织内部采购部门的方式,来统一管理其分布于世界各地分支机构的采购业务,减少采购渠道,通过批量采购获得价格优势。分散采购是由企业下属各单位,如子公司,分厂等实施满足自身生产经营需要的采购。这是集团将权利分散的采购活动。

(二) 联合采购

联合采购是指多个企业之间的采购联盟行为,可认为联合采购是集中采购在外延上的进一步扩展。企业在采购环节上实施联合可极大地减少采购及相关环节的成本，为企业创造可观的效益。联合采购的方式有采购战略联盟和通用材料的合并采购。

（三）询价采购

询价采购是采购者向选定的若干个供应商发出询价函，让供应商报价，然后根据各个供应商的报价而选定供应商的方法。询价采购是国际上通用的一种采购方法。询价采购的步骤包括供应商的调查和选择，编制及发出询价函，报价单的递交及评审，合同的签订及验收、付款程序，履约保证金。询价采购被广泛应用于企业采购和政府采购活动之中，但它的局限性表现在所选供应商数量少，范围窄，可能选中的供应商不一定是最优的。与其他采购方式相比，询价采购适用于数量少、价值低的商品或急需商品的采购。

（四）即时制采购

即时制采购是一种完全以满足需求为依据的采购模式。需求方根据自己的需要，对供应商下达订货指令，要求供应商在指定时间、将指定的品种、指定的数量送到指定的地点。准时化采购做到了灵敏地响应需求，又使得用户的库存量最小。由于用户不需要设库存，所以实现了零库存生产。这是一种比较科学、比较理想的采购模式。

（五）电子采购

电子采购就是用计算机系统代替传统的文书系统，通过网络支持完成采购工作的一种业务处理方式，也称为网上采购。它的基本特点是，通过网上寻找供应商和商品、网上洽谈贸易、网上订货甚至网上支付贷款，最终实现送货或进货作业，完成全部采购。但是网上采购要依赖于电子商务的发展和物流配送水平的提高，而这二者要取决于整个国民经济水平和科技进步的水平。

（六）招标采购

招标采购是通过一定范围内公开购买信息，说明拟采购物品或项目的交易条件，邀请供应商或承包商在规定的期限内提出报价，经过比较分析后，按既定标准选择条件最优的投标人并与其签订采购合同的一种采购方式。招标采购是在众多的供应商中选择最佳供应商的有效方法，体现了公平、公开和公正的原则。通过招标程序，招标企业可以最大程度地吸引和扩大投标方之间的竞争，从而使招标方有可能以更低的价格采购到所需要的物资或服务，更充分地获得市场利益。招标采购方式通常用于比较重大的建设工程项目、新企业寻找长期物资供应商、政府采购或采购批量比较大等场合。

三、实验环境与条件

知识准备：基本掌握企业管理、物流管理、营销管理等经济管理类专业的专业知识；搜集可供参考的不同采购模式的相关资料。

条件准备：《企业运作仿真综合实习教程》；已经搭建好仿真实习平台，第三方物流企业拥有一定范围的经营场所；第三方物流企业需配置1台电脑，并安装了Office办公软件，连接校园局域网与互联网；已经制定第三方物流企业工作管理制度。

四、实验流程

1. 了解第三方物流企业可采取的各种不同的采购模式；
2. 参照采购计划，针对不同采购物资，选择合适的采购模式。

五、实验成果与评价

根据本实习项目完成情况及提交实习结果的及时性等综合考核与评价。
第三方物流企业采购模式选择报告（占100%）。

六、理论思考

1. 采购模式的选择对物流企业的重要意义是什么？
2. 第三方物流企业在选择采购模式中遇到什么问题？如何解决？

第三节 仿真物流企业的采购流程管理

一、实验内容

学习采购流程管理的相关理论知识，制定合适的物流企业采购流程，修改和完善与物流企业采购流程管理配套的管理规章制度。通过学习第三方物流企业的采购流程管理相关理论，制定适合物流企业开展业务的采购流程，顺利开展物流企业的采购业务，充分发挥第三方物流企业在仿真市场中的重要作用。

二、相关知识提示

采购流程是指企业根据生产经营活动的需求，选择和购买所需的各种生产资料等物料的过程。这一过程可以划分为3道主要程序：一是制定采购需求计划并寻找供应商。根据企业生产经营计划和生产经营活动的实际情况，首先制定采购需求计划，然后按采购需求计划的要求，到市场上寻找审核在质量、数量、价格、服务条件及信誉上满足采购需求计划的供应商。二是发出采购订单并组织采购及供应活动。即将购买的信息（包括质量、数量、付款方式、交货时间、交货地点、交货方式等信息）以订单的方式传递给确定的供应商，并组织采购、供应活动以及到货的验收入库。三是定期评价采购工作，不断寻找提高采购效率和采购有效性的采购流程模式。显然，不同采购模式下的采购流程必定有所差异。

采购流程管理包含了为生产需要而选择供应商并购买物料所涉及活动的业务过程管理，是采购活动的全部操作过程管理，是采购人员从事采购活动的执行标准和业务规范，采购人员必须遵照执行。一般来讲，企业规模越大，采购金额越高，对流程设计越要重视而详细。

采购流程管理相当重要。采购流程管理一方面使原料的成本达到合理、满意的水平，另一方面使企业的生产经营活动在生产资料供应的持续性及质量上有所保障。进行采购流程管理应强调以下两个方面。

（一）采购决策

决策及其计划是控制和管理的前提。采购决策的内容主要包括：

采购计划的制定。通过对生产资料的资源市场分布、数量、质量、市场需求及供应现状与趋势、企业的生产计划及物料需求计划、企业的资金条件等进行系统的调查，并建立一个关于市场资源和企业内部资源的信息系统，据此进行采购决策与计划的制定以及采购计划的调整、补充。

供货商的选择。通过对市场资源的调查，结合企业的生产特点及需求，从生产资料供应的数量、质量、综合成本（货价及运输费用等）、供货时间保证、供货方式、运输方式等对供货商进行评价和选择，并建立供货商档案，使其成为确定、调整和改善供货商甚至企业生产流程的重要依据。供货商档案的主要内容包括供货商的基本概况、供货的种类和质量、运输条件及其成本、包装材料及其成本、供货服务条件及供货服务费用、保管费用、包装材料的回收、供货计划的执行情况等。

采购批量与进货间隔期的确定。一般来说，采购费用与保管费用是一对矛盾。采购的批量越大，享受的价格优惠及其他优惠就越多，采购的批次也越少，采购的费用就比较节省。但是，由于采购的批量大，容易导致资金占用大，财务费用增高，仓储及管理费用增高；反之，采购批量小，采购批次多，其采购费用就会增高，但保管费用及资金占用的财务费用就会降低。大批量采购或小批量采购都承担着一定的风险。因此，如何控制采购批量、批次和进货间隔期是采购流程的关键。常用的方法是经济订购批量法。

采购业务的确认和付款方式的选择。在上述决策活动的基础上，与供应商签订采购（供应）合同，并依据采购订单（采购合同）控制供应商的供货；依据采购订单确认到货及验收；依据采购订单中双方协商选择的付款方和支付程序支付货款等。

建立采购管理信息系统。由于采购与企业生产经营活动的关系，以及采购所面对的企业内外环境的复杂性，为了加强采购流程的控制与管理，降低采购流程中发生的费用，应建立一个作为企业电子信息管理系统之子系统的采购管理信息系统。它包括采购计划、采购订单、收货、确认发票、付款业务、账表查询、期末转账等控制功能和内容。

（二）从成本核算的战略角度管理采购流程

从成本核算的战略角度管理采购流程包括4个方面：

估计供应商的产品或服务成本。因为购进生产资料的成本直接决定将来产出的产品的成本，在供应商不会主动、无遗地公布其成本、产品构成引用料等信息的环境中，企业必须通过其他途径，了解并估计供应商的产品或服务成本：一是了解产品的结构及其用料、性能，以此估计产品的物料成本；二是了解直接用于生产过程的设备数量、性能、水平，设备的供货商、设备的操作人员的情况等，以此估计它投资的生产能力、产品质量、产品成本；三是了解其生产流程及人员配置，估计它的生产效率、人工成本以及形成成本的因素与环节；四是了解供应商的销售市场、销售情况及供应服务，估计供应商的销售竞争力、供应服务条件及其费用、供应商能力的优势所在等。对供应商产品或服务成本的估计，可以增加企业与供应商谈判、合作的筹码，提高底线收益；可以为与供应商建立合作项目、共同改进和降低生产成本、共同受益提供决策和规划的依据。

估计竞争对手的产品或服务成本。对竞争对手产品或服务成本的估计：一是了解竞争对手的业务、投资、成本、现金流等，以此估计竞争对手的规模、生产特点、竞争力以及效益，及时地调整企业发展战略；二是了解竞争对手的生产流程、工艺设备、材料及消耗定额，以此估计竞争对手产品的质量、特点、成本及突出环节或薄弱环节；三是了解竞争对手的供货商及采购供应条件、状况，以此估计竞争对手的采购供应成本、效率及有效性；四是了解竞争对手的销售竞争力，估计其竞争可能采用的手段及竞争成本。对竞争对手产品或服务的估计，可以帮助企业重新审查、考核、评价企业的现有生产制造流程、采购流程和服务流程，对其结构和配置实行合理化管理，提高竞争能力和底线收益。

设定本企业的目标成本并发现产品和流程需要改进的领域。通过对竞争对手产品或服务成本的估计，判断竞争对手的长处和短处、强项和弱项，结合本企业的能力（现实的和潜在的）、资源条件、发展方向与目标以及消费需求的观念、承受力、习惯等，设定本企业的目标成本及改进领域、部位。要辩证地看待和分析竞争对手的长处和短处。因为，竞争对手的强项或弱项总是同时存在与之对应的另一表现。因此，从战略角度进行成本核算是为了从战略角度设定和实现企业的目标成本。

从现金流角度来考察生产流程、采购流程和产品的改变对企业财务状况的长期影响和对企业价值的贡献程度。通过现金流入量与流出量的比较，可以了解和确定企业战略规划成果在财务上的状况及价值，从而确定改变的方向、规模、性质、水平、时间的起点及持续等内容。

三、实验环境与条件

知识准备：基本掌握企业管理、物流管理、营销管理等经济管理类专业的专业知识；搜集可供参考的流程管理相关资料。

条件准备：《企业运作仿真综合实习教程》；已经搭建好仿真实习平台，第三方物流企业拥有一定范围的经营场所；第三方物流企业需配置1台电脑，并安装了 Office 办公软件，连接校园局域网与互联网；已经制定第三方物流企业工作管理制度。

四、实验流程

1. 理解第三方物流企业的采购流程管理；
2. 制定合适的采购流程；
3. 修改、完善与采购流程相关的管理规章制度。

五、实验成果与评价

根据本实习项目完成情况及提交实习结果的及时性等综合考核与评价。
第三方物流企业采购流程图（占50%）；
第三方物流企业采购流程管理规章制度（占50%）。

六、理论思考

1. 一个完整的采购流程应该包括几个环节？
2. 采购流程管理是如何与企业的其他职能管理交互的？
3. 对于采购流程的管理应重视哪几个因素？

第四节 仿真物流企业的采购绩效评估

一、实验内容

学习采购绩效评估的影响因素、评估目的、评估指标、评估标准等相关理论知识，采取合适的采购管理绩效评估指标，为物流企业采购业务运营的绩效评估奠定基础，并使用确定后的指标评估物流企业的采购绩效。通过学习第三方物流企业的采购绩效评估相关理论，合理评估物流企业采购管理绩效，充分发挥第三方物流企业在仿真市场中的重要作用。

二、相关知识提示

（一）采购绩效评估的目的

对采购工作做好绩效评估可达到下列目的：

1. 确保采购目标的实现。各企业可以针对采购单位所应追求的主要目标加以评估，并督促它的实现。

2. 提供改进绩效的依据。绩效评估制度，可以提供客观的标准来衡量采购目标是否达成，也可以确定采购部门目前的工作表现如何。采购绩效的测量可以产生更好的决策，因为这可以从计划实施后产生的结果中发现差异，通过对这些差异的分析，可以判断产生差异的原因，并可以及时采取措施防止未来的突发事件。

3. 作为个人或部门奖惩之参考。良好的绩效评估方法，能将采购部门的绩效独立于其他部门而凸现出来，并反映采购人员的个人表现，作为各种人事考核的参考资料。客观的绩效评估可实现公平的奖罚。

4. 协助人员甄选与训练。根据绩效评估之结果，可针对现有采购人员工作能力的缺陷，拟订改进的计划。

5. 增强业务的透明度。定期报告制定的计划内容和实际执行的结果可从客户们能够核实他们的意见是否被采纳，这可以向客户提供建设性的反馈意见，并且，通过向管理部门提供个人和部门的业绩，有利于增强对采购部门的认可程度。

6. 促进部门之间的沟通。采购部门的绩效受其他部门能否配合的影响很大。故采购部门的职责是否明确，表单、流程是否简单、合理，付款条件及交货方式是否符合公司管理制度，各部门之目标是否一致等，均可通过绩效评估来判定，并可以改善部门间的合作关系，增进企业整体的运作效率，从而增强采购部门同管理部门之间的协调。

7. 产生良好的激励效果。有效且公平的绩效评估制度，将使采购人员的努力成功获得适当回馈与认定。采购人员透过绩效评估，将与业务人员或财务人员一样，对公司的利润贡献有客观的衡量尺度，成为受到肯定的工作伙伴，对其士气的提升大有帮助。

（二）采购绩效评估指标

采购绩效评估的指标是：

1. 品质绩效。采购的品质绩效可由验收纪录及生产纪录来判断。前者是供应商交货时，为公司所接受（或拒收）的采购项目数量或百分比；后者则是交货后，在生产过程中，发现品质不合的项目数量或百分比。

进料验收指标＝合格（或拒收）数量/检验数量

在制品验收指标＝可用（或拒收）数量/使用数量

拒收或拒用比率越高，显示采购人员的品质绩效越差，因为未能找到理想的供应商。

2. 数量绩效。当采购人员为争取数量折扣，以达到降低价格的目的时，可能导致存货过多，甚至发生呆料，废料的情况。数量绩效就是用来评估这方面的工作效果。具体指标包括：

储存费用指标：现有存货利息及保管费用与正常存货利息水平及保管费用之差额。

呆料，废料处理损失指标：处理呆料，废料的收入与其取得成本的差额。

存货积压利息及保管的费用越大，呆料，废料处理的损失越高，显示采购人员的数量绩效越差。不过，此项数量绩效有时受到公司营业状况，物料管理绩效，生产技术变更或投机采购的影响，并不一定完全归咎于采购人员。

3. 时间绩效。这项指标用以衡量采购人员处理订单的绩效，以及对供应商交货时间的控制。延迟交货，固然可能形成缺货现象，但是提早交货，也可能导致买方负担不必要的存货成本和提前付款的利息费用。具体指标包括：

紧急采购费用指标：紧急运输方式（如空运）的费用与正常运输方式的差额。

停工待料损失指标：停工期间的损失。

事实上，除了前述指标所显示的直接费用或损失外，尚有许多间接损失。例如经常停工待料造成的顾客订单流失，员工离职，以及恢复正常作业的机器必须做的各项调整（包括温度，压力等）；紧急采购会使得购入的价格偏高，品质欠佳，也会产生为赶进度而额外支付的费用。这些费用与损失，通常都未估算在此绩效指标内。

4. 价格绩效。价格绩效是企业最重视及常见的衡量采购工作绩效的标准。通过价格指标，可以衡量采购人员议价能力及供需双方势力的消长情况。采购价差的指标通常有下列几种：实际价格与标准成本的差额；实际价格与过去平均价格的差额；使用时的价格和采购时的价格的差额；将当期采购价格与基期采购价格之比率与当期物价指数与基期物价指数之比率相互比较。

5. 采购效率指标。下列各项指标可衡量在达成采购目标的过程中，各项活动水准或效率：采购金额；采购金额占销货收入的百分比；订购单的件数；采购人员的人数；采购部门的费用；新厂商开发个数；采购完成率；错误采购次数；订单处理的时间。

由于采购活动水准上升或下降，不难了解采购人员工作的压力与能力；这对于改善或调整采购部门的组织与人员有很大的参考价值。

（三）采购绩效评估的标准

有了绩效评估的指标以后，必须考虑以何种标准作为与目前实际绩效比较的基础。一般常见标准如下：

1. 以往绩效。选择公司以往的绩效作为评估目前绩效的基础，是相当正确的，有效的做法。但只有在公司采购部门，无论组织、职责或人员等，没有重大变动的情况下，才适合使用此项标准。

2. 预算或标准绩效。如果过去的绩效难以取得或采购业务变化甚大，则可以预算或以标准绩效作为衡量基础。标准绩效的设定，有下列五种原则：

固定的标准。标准一旦建立，则不再轻易变动。

理想的标准。实质在完美的工作条件下，应有的绩效。

可达成的标准。在现状下应该可以做到的水平。通常依据当期的绩效加以考量设定。

同业平均绩效。如果其他同业公司在采购组织，职责及人员等方面均与公司相似，则可与其绩效比较，以辨别彼此在采购工作成效上的优劣。若个别公司之绩效资料不可得，则可以整个同业绩效的平均水准来比较。

目标绩效。预算或标准绩效是代表在现状下，"应该"可以达到的工作绩效；而目标绩效则是在目前情况下，非经过一番特别的努力，否则无法完成的较高境界。目标绩效代表公司管理当局对工作人员追求最佳绩效的"期望值"。此目标绩效常以同业最佳的绩效水准为标准。

（四）采购绩效评估的人员

1. 采购部门主管。由于采购主管对管辖的采购人员最熟悉，且所有工资任务的指派或工作绩效的好坏，均在其直接督导之下，因此，由采购主管负责评估，可注意人员的个别表现，并可同时起到监督与训练的效果。

2. 会计部门或财务部门。会计部门或财务部门不但掌握公司产销成本数据，对资金的取得与支出有全盘管制，因此可以参与评估采购部门的工作绩效。

3. 工程部门或生产管制部门。如果采购项目的品质及数量对企业的最终产出影响重大时，有时可由工程或生产管理人员评估采购部门的绩效。

4. 供应商。有些公司通过正式或非正式的渠道，向供应商探寻其对于采购部门或人员的意见，以间接了解采购作业的绩效和采购人员的素质。

5. 外界的专家或管理顾问。为避免公司各部门之间的本位主义或门户之见，可以特别聘请外界的采购专家或管理顾问，针对全盘的采购制度，组织，人员及工作绩效做出客观的分析与建议。

（五）采购绩效评估的方式

采购人员工作绩效的评估方式，可分为定期方式及不定期方式。定期的评估是配合公司年度人事考核制度进行的。一般而言，以"人"的表现，如工作态度，学习能力，协调精神，忠诚程度为考核内容，对采购人员的激励及工作绩效的提升并无太大作用。若能以目标管理的方式，即从各种工作绩效指标之中，选择当年度重要性比较高的项目中 3~7 个定为目标，年终按实际达成程度加以考核，则必能提升个人或部门的采购绩效，并因为摒除了"人"的抽象因素，以"事"的具体成就为考核重点，也比较客观，公正。

不定期的绩效评估以专案的方式进行。例如，公司要求某项特定产品的采购成本降低 10%，当设定的期限结束时，评估实际的成功是否高于或低于 10%，并就此成果给予采购人员适当的奖惩。此种评估方式对采购人员的士气有相当大的提升作用。不定期的绩效评估方式特别适用于新产品的开发计划，资本支出预算，成本降低专案等。

三、实验环境与条件

知识准备：基本掌握企业管理、物流管理、营销管理等经济管理类专业的专业知识；搜集可供参考的业务绩效评估相关资料。

条件准备：《企业运作仿真综合实习教程》；已经搭建好仿真实习平台，第三方物流企业拥有一定范围的经营场所；第三方物流企业需配置 1 台电脑，并安装了 Office 办公软件，连接校园局域网与互联网；已经制定第三方物流企业工作管理制度

四、实验流程

1. 理解第三方物流企业的采购管理绩效评估；
2. 确定合适的采购绩效评估指标；
3. 使用评估指标评估物流企业的采购管理绩效。

五、实验成果与评价

根据本实习项目完成情况及提交实习结果的及时性等综合考核与评价。
1. 第三方物流企业采购绩效评估指标（占 50%）；

2. 年度第三方物流企业采购绩效评估报告（占50%）。

六、理论思考

1. 采购绩效评估指标应该如何取舍？
2. 第三方物流企业对采购绩效评估期间遇到什么问题？如何解决？
3. 评价采购绩效时应采取哪些方式？

第五章 仿真物流企业运输业务管理

第一节 仿真物流企业运输计划

一、实习内容

确定第三方物流公司运输业务计划制定前需采集的信息类型和来源，预计难易程度，从实习的相关规则和基础数据以及生产制造公司和其他外部机构内部采集需要的信息，为业务计划制定打好基础。随后，制定第三方物流公司运输业务的服务标准和报价。应用采集到的相关信息，通过每年初制定的年度运输业务计划，具体体现运输业务服务标准，反映当年的业务供需特点，为全年运输业务的顺利开展做好准备。

二、相关知识提示

（一）运输的概念和基本职能

简单地说，运输是利用工具和设施，对物品实现长距离空间位移的活动。运输与搬运不同，运输是对物品进行较长距离的空间移动为主的物流作业；搬运则是在同一场所内的物流作业活动。一般而言，运输有两个基本职能：物品空间移动和短时间物品存放，即实现空间效用和时间效用。

（二）运输管理的基本原理

1. 规模经济原理。规模经济的特点是指，每单位重量或体积的运输成本随装运规模的增长而降低。但包括接受运输订单的行政管理费用、装卸的时间、开票以及设备费用等与商品转移有关的固定费用不随装运的规模不同而变化。

2. 距离经济原理。距离经济的特点是指每单位距离的运输成本随距离的增加而减少。运输工具装卸所发生的相对固定的费用必须分摊每单位距离的变动费用。距离越长，可以使固定费用分摊给更多的各单位距离，导致每单位距离支付的总费用更低。

3. 服务原理。任何运输经营活动都是为有空间效应需求的消费者提供服务的。运输经营的目标，不仅在于提高装运规模和实现距离最大化，而且更重要的在于满足客户的服务期望。提供怎样的服务，怎样提供服务和为谁提供服务就成了运输经营的核心要求。

4. 成本原理。运输成本在物流成本中占有相当的比重，不论是物流需求方还是物流企业，都非常关注运输成本的大小。物流企业开展运输经营，必须树立经营成本管理意识，加强运输成本控制，实现运输服务与运输成本的合理统一。

（三）运输的类型与方式

1. 运输的基本类型。按照运输过程使用的基本设施的不同，传统的运输类型包括公路运输、铁路运输、船舶运输、航空运输和管道运输等，是最基本和最常用的运输。

新兴运输方式包括以下两种：

（1）成组运输。成组运输是把分散的单件货物组合在一起，成为一个规格化的、标准化的大运输单位进行运输。包括托盘运输和集装运输。

（2）国际多式联运。国际多式联运是按照多式联运合同，以至少两种不同的运输方式，由多式联运经营人将货物从一国境内的接货地点运到另一国境内指定的交付货物的地点。

具体组合形式有海—空联运、海—铁联运、航空—公路联运、铁路/公路与海上—内河、微型陆桥、陆桥、驮背运输（铁路—公路联运）等。

2. 运输的基本方式。物流企业在运输作用时，一般可采用以下几种基本的运输方式。

（1）包裹（Parcel）运输。如信件，是门到门的运输。

（2）零担（Less-than-Truck Load, LTL）运输。零担运输属于小批量、单位价值高、时效性强的运输服务形式，零担比包裹的重量或体积大。

（3）集中托运（Consolidation）。

（4）整车（Truck Load, TL）运输。

（5）大宗散货（Bulk）运输。

（6）项目货物（Project Cargo）运输。项目货物运输是指为完成一个大项目如电站建设，需要的所有货物的运输。

（7）超大货物（Oversize Goods）运输。

（8）危险品（Hazardous Goods）运输。

（四）影响运输成本的因素及运输成本的构成

1. 影响运输成本的因素。

（1）距离。距离是影响运输成本的重要因素，因为它直接对劳动力、燃料和维修费用等变动成本产生影响。

（2）装载量。运输和装载中存在着规模经济，当装载量增加时，单位重量的运输成本减少，因为装载、运送和管理成本等固定费用在单位装载量中的分摊费用减少，而使运输成本降低。

（3）产品密度。产品密度是产品的质量和体积之比，通常密度小的产品每单位重量所花费的运输成本比密度大的产品要高。

（4）空间利用率。空间利用率是指产品的具体尺寸及其对运输工具的空间利用程度的影响。

（5）搬运的难易程度。搬运越难的产品其运输成本越贵，反之，则越便宜。

（6）运输责任。运输责任与运输产品的易腐性、易损性、易被盗性、易自燃性等因素有关责任越大，运输成本就越高，因为承运人为此承担的风险就越大。

（7）市场因素。不同承运人之间的竞争激烈程度。

2. 运输成本结构。

（1）固定成本。

（2）变动成本。

（3）联合成本。如将一批货物从 A 地运往 B 地时，运载工具由 B 地返回 A 地的成本是将货物从 A 地运往 B 地的联合成本。

（4）公共成本。是承运人代表所有托运人支付的如端点站、路、桥或管理部门收取的费用，通常将这笔费用按装运数量分摊给托运人。

（五）定价策略和费率的制定

向托运人定价时，承运人可以采用按服务成本定价或按运输价值定价两种策略。前者是从承运人角度出发的，后者是从托运人角度出发的。单一定价策略简单易行，综合定价策略则可以对承运人的服务成本和托运人得到的价值进行权衡考虑，制定一个更合理的价格。

1. 定价策略。

（1）按服务成本定价。按服务成本定价是一种"累积"的方法，承运人是根据提供这类服务的成本加上毛利润来确定运输费率的。这种服务成本方法代表了基本或最低的运输收费，是对低价值货物或在高度竞争的情况下使用的一种定价方法。例如，提供某种运输服务的成本是 200 元，毛利 10%，那么承运人就向托运人收取 220 元的运费。

（2）按运输价值定价。按运输价值定价是根据托运人所能感觉到的服务价值，而不是实际提供这种服务的成本来收取运费的。例如，托运人感觉到，运输 454kg 的电子设备要比运输 454kg 的煤炭更重要或更有价值，托运人可能愿意多支付些运输费用。显然，对于高价值货物，承运人趋向于使用运输价值定价，这样可以收取较高的运输费用。

（3）综合定价。综合定价策略是在最低的服务成本和最大的运输（服务）价值之间来确定某种中间水平的运价。大多数运输公司都使用这种中间值的运价。因此，物流经理必须要了解运价浮动的范围和可供选择的策略，以便在谈判时有所依据。

2. 费率的制定。

（1）分类费率。费率是指特定的产品在两点之间运输时，单位重量产品的运输价格。费率一般都会罗列在价格单上。承运人为了定价的方便，通常将产品进行分类定价。制定分类费率，第一步是按照一定的规则将运输的产品进行分类，第二步是基于产品的分类和起点站及终点站的位置来确定精确的费率。

（2）特殊费率。特殊费率是分类费率的例外，承运人有时向托运人索要一个比通用的分类费率要高或者低的费率。一般情况下，当竞争情况允许，或者运输量很大的时候，承运人通常会针对特定的地区或特定的起点或终点或特定的商品提出特殊费率。

（3）合同费率。分类费率是承运人向托运人收费的一种常用的方法，但是，在很多情况下，承运人和托运人是以合同的方式合作的，此时，他们之间可能会采用特殊的费率。

（六）运输计划的类型

根据货运计划下达的规律和车队的类型，可以分成两种：一是稳定型，二是临时型。

1. 稳定型。这类货运计划指的是在某一个时期内，车队的运输任务相对是稳定的，明确的。比如一些大型的建筑工地、一些生产物资的运输，车队可以根据自己的运力情况，安排运输，不会出现没货的情况。这个时候，车队可以事先制定日计划、月度计划、季度计划和年度计划。

这种类型车队多见于国家重点建设项目（比如高速公路、水电站）和大型企业集团（比如采矿企业、石油公司）。而且这类车队一般都是以短途运输为主。

稳定型的货运计划，车队应该根据货运量计划来制定车辆计划，然后再制定车辆运用计划和车辆作业计划。

2. 临时型（实习属此类）。临时型货运计划，有时也叫货运任务或货运订单。它的特点是运输任务的下达给车队的时间很短，一般在两天以内，有时甚至几个小时。目前，大多数生产制造企业内部车队，第三方物流公司车队都是采用这种形式。车队往往一接到业务部门或客户的货运订单，就要安排车辆前往装货。当然有时候可能会有一两天的提前期，但变化很大。在这种情况下，车队就很难提前做好车辆计划、车辆运用计划和车辆作业计划了。车队只能够"以客户为中心"，尽最大可能满足客户的需求。因此，这要求车队调度人员必须具备很强的工作能力。

这类型的货运计划，车队的重点在于与客户的沟通和协调。

三、实验环境与条件

知识准备：基本掌握企业管理、物流管理、营销管理、筹资决策、投资决策、会计核算等经济管理类专业的专业知识；从直接或间接渠道了解现实中的物流公司在制定业务计划前需要采集什么类型的信息，如何制定物流业务服务标准和报价，如何制定物流业务计划。

条件准备：《企业运作仿真综合实习教程》；已经搭建好仿真实习平台，第三方物流公司拥有一定范围的经营场所；第三方物流公司需配置1台电脑，并安装了Office办公软件，连接校园局域网与互联网；仿真实习组织管理部门配备了打印复印设备。

四、实验流程

1. 确定第三方物流公司运输业务计划制定前需采集的信息类型和来源，可能涉及到的主体，预计采集的难易程度；
2. 从实习的相关规则和基础数据以及生产制造公司和其他外部机构内部实际采集需要的信息；
3. 分类整理采集到的信息，识别确实真实及有应用意义的信息，为运输业务计划的制定打好基础；
4. 完成信息分类统计汇总表；
5. 预测当年物流业务需求总量及运输业务需求量，时间空间分布特点，可能涉及的主要公司或机构；
6. 结合采集到的信息和第三方物流公司的发展战略以及当年供给能力，制定第三方物流公司的运输业务计划；
7. 制定第三方物流公司的运输业务的服务标准，要有具体的指标和标准，不能太空泛；
8. 提交运输业务计划及运输服务标准，待指导老师修改后确定；
9. 对运输业务进行实际报价并在仿真市场公布相关信息；
10. 上传业务计划到第三方物流公司的博客平台，做好计划的存档工作。

五、实验成果与评价

根据本实习项目完成情况及提交实习结果的及时性等综合考核与评价。
1. 信息分类统计汇总表（占20%）；
2. 采集信息的过程控制（占20%）；
3. 运输业务服务标准（占15%）；
4. 运输报价单（占15%）；
5. 年度运输业务计划（占30%）。

六、理论思考

1. 探讨物流服务水平与物流成本的关系，思考如何在服务标准制定和报价中反映两者的关系。
2. 采集信息对公司业务计划的制定有何重要意义？
3. 你确定要采集的信息是否一定能采集到？为什么？
4. 运用什么方法对信息进行分类统计比较好？你是如何操作的？
5. 在实际采集的过程中和其他主体接触时你是否遇到了困难？为什么？你是如何解决的？
6. 制定运输业务计划要考虑的主要因素是什么？
7. 你采用什么方法和什么指标来制定物流服务水平？为什么？
8. 你是否修改了标准报价？为什么？
9. 采集到的信息对你的业务服务标准的制定有何影响？

第二节 仿真物流企业运输方案

一、实验内容

第三方物流公司与其他所有需要物运输服务的企业和机构在物流公司办公地点进行谈判，从各自利润最大化或成本最小化出发，签订运输服务合同。物流公司根据一段时间内的货运订单情况提出相应的整体运输方案。

二、相关知识提示

第三方物流公司接受客户委托后，要选择运输方式、运输工具、运输线路、运输时间，进行运输成本的预算、运输人员的配备和运输投保等多种方案及最佳方案的选择。应运用运输管理的规模经济原理、距离经济原理、服务原理、成本原理，考虑运输的类型与方式、影响运输成本的因素及运输成本的构成，并注意以下知识点。

（一）物流服务合同（详见第八章第一节合同管理相关内容）

1. 物流服务合同特点：双务合同、有偿合同、要式合同、有约束第三者的性质。

2. 物流服务合同的建立、修改、中止与跟踪。

（二）运输合理化途径

1. 分区产销平衡合理运输。

2. 直达运输。

3. "四就"直拨运输。就厂直拨、就车站直拨、就仓库直拨、就车船直拨。

4. 合整装车运输。主要零担货物拼整车直达运输；零担货物拼整车接力直达或中转分运；整车分卸（二、三站分卸）；整装零担。

5. 提高技术装载量。将重货物和轻货物组装在一起；对一些体大笨重、易损的货物解体运输，使之易于装卸；根据不同货物的包装形状，采取各种有效的堆码方法。

（三）运输决策

指在接受客户委托后所做出的有关运输方式、运输工具、运输线路、运输时间的选择，运输成本的预算，运输人员的配备和运输投保等多种方案及最佳方案的选择过程。

（四）物流方案的基本理论

1. 物流方案的概念。关于物流方案，目前尚无一致的解释。笔者认为，物流方案是物流解决方案的简称，是指为满足客户的物流需求而提出的关于物流系统的规划、设计、建立以及运作管理的具体原则、程序、步骤、内容、要求等的总称。

2. 物流方案的特点：

（1）对应性。每个物流方案都是为一个具体的物流服务需求而设计的，不同的物流服务需求要有不同的物流解决方案与其对应。

（2）系统性。物流方案贯穿着系统工程的思想，是用系统的观点，将每个相关要素有机地结合在一起，以完成系统的总目标。

（3）团队性。物流方案的策划和设计是复杂的，不可能仅由一个或少数几个人来完成，而必须有相应组织机构通过协调处理来完成。

（4）专业性。物流方案涉及的专业领域很广，这需要项目主管或经理为负责各部分的专家讲明应承担工作的意义，确定工作目标、时间和工作标准以及限定条件，并给予信息交流、检查督促和工作支持。

（5）先进性。策划与设计物流方案的方法、工具、手段是先进的、开放的。如采用网络口编制方案各部分的逻辑关系，采用计算机进行方案的信息处理等。

3. 物流方案的分类。按照物流方案的形成机理不同，可将物流方案分为三种：

（1）在物流需求方进行物流服务招标时，物流企业为参与招标活动而设计的物流方案。

（2）物流需求方提出物流服务要求，由物流企业（必要时可聘请专业设计人员）与客户企业有关人员共同参与设计的物流方案。

（3）物流企业通过对物流市场的分析，发现企业经营的市场机会，通过充分论证与考察，设计出来的满足市场某部分需求的物流服务方案。

按照物流服务对象所在行业不同分，可以分为工业物流方案、商业物流方案等；按照具体物流作业对象分类，又可以分为汽车物流方案、药品物流方案、日用化工品物流方案等。

4. 物流方案的形式。

（1）项目建议书。项目建议书主要阐述了一个公司的物流服务模式，向客户展示其物流服务优势，使得客户对自己的物流服务水平和服务质量有一个大致的了解。如有必要，初步做出服务的报价以取得客户的认可。

（2）投标书与合同。大型物流客户一般会采用物流服务招标的方式来选择物流服务供应商。参加投标的物流企业会组成投标小组，在详细分析、研究和评估招标书的内容后制作物流服务投标书。经过几轮投标后，最终中标的企业将和客户签订物流服务合同。

（3）具体物流方案报告（实习属此类）。这种物流方案针对性强、富有个性，主要针对工商企业具体的物流需求。方案设计小组在客户的全力配合下首先做出物流方案建议书。物流方案建议书的基本原则被客户企业和物流企业董事会通过后，物流方案小组再进行技术细节的设计，最后完成客户企业的物流方案。

（4）物流园区规划方案。物流园区是一个地域概念，即在某一地区内规划各种物流基础设施以吸引物流企业进驻。对物流园区的规划设计也是一个物流方案，这直接影响到物流园区这一项目的成功与否。

5. 物流方案的要求。一个物流方案应达到以下要求：

（1）物流方案是服务承诺书；

（2）物流方案是服务计划书；

（3）物流方案是可行性分析报告书；

（4）物流方案是操作指导书；

（5）物流方案是服务标准书；

（6）物流方案是双赢的保证书；

（7）物流方案是结成战略合作伙伴的宣言书。

6. 物流方案的基本格式。

（1）前言。介绍方案形成宗旨、服务承诺、本企业优势和成功的物流服务客户。

（2）报价。提出总体报价、分项报价及特殊操作费率等。

（3）分环节方案设计（设计与策划的重点）。包括运输方案、仓储方案、物流信息方案等。

（4）服务组织。介绍实施方案的组织机构、各类人员的素质水平等。

（5）服务质量。介绍设计的服务质量保障体系。

（6）附录。

三、实验环境与条件

知识准备：基本掌握企业管理、物流管理、营销管理、筹资决策、投资决策、会计核算等经济管理类专业的专业知识；从直接或间接渠道了解现实中的物流公司是如何接洽物流业务的；了解签订合同要注意的若干问题。

条件准备：《企业运作仿真综合实习教程》；已经搭建好仿真实习平台，第三方物流公司拥有一定范围的经营场所；第三方物流公司需配置1台电脑，并安装了Office办公软件，连接校园局域网与互联网；仿真实习组织管理部门配备了打印复印设备。

四、实验流程

1. 第三方物流公司在经营地点接洽前来商谈的所有需要运输服务的公司或机构；

2. 第三方物流公司与运输服务需求方进行一对一的谈判；

3. 谈成后签订运输合同或协议；

4. 第三方物流公司整理合同并进行分类统计汇总和存档；

5. 设计某段时间内的整体运输方案。

五、实验成果与评价

根据本实习项目完成情况及提交实习结果的及时性等综合考核与评价。

1. 年度运输业务合同（占30%）；

2. 年度运输业务统计分析（占30%）；

3. 运输方案（占40%）。

六、理论思考

1. 进行谈判时要注意什么问题？
2. 签订的合同是否体现了自身利润最大化或成本最小化？为什么？
3. 如谈判过程破裂，你将如何处理？

第三节 仿真物流企业运输过程管理

一、实验内容

第三方物流公司与其他所有需要物流相关服务的企业和机构在物流公司办公地点以抽签方式体现合同执行的具体情况，尽量与现实情况相符。

二、相关知识提示

运输过程管理是整个运输管理的核心部分。包括运输调度对发运、接运、中转和运输安全的管理以及对伴随商品流动而进行的人员流动、资金流动的管理。运输调度指制定具体的运输计划、配载计划及运输路径计划，分配资源，监控在途车辆与货物。发运管理包括落实货源、检查包装标记、安排短途搬运、办理托运手续等工作。接运管理包括对交接手续、接卸商品、仓位准备、直拨等的管理。中转管理包括中转的衔接、加固包装、清理更换破损等方面的工作，重点是保证运输质量。运输安全管理包括建立各项运输安全制度，防止运输事故发生；当事故发生后应及时进行处理，避免积压扯皮、长期悬而不决等。特别要注意运输单证管理和运输结算管理。

（一）运输单证管理

履行每一次运输活动都需要一些单证，制单作业也是运输部门经常的业务内容，其中最主要的单证类型有：提单、运费清单和货运清单。

1. 提单。提单是购买运输服务所使用的基本单证，由承运人开出。它对所装运的商品和数量起到了收据和证明文件的作用。因此，对货物进行精确的描述和点数是至关重要的。在货物发生丢失、损坏或延误的情况下，提单是请求损害赔偿最基本的证明。提单上所指定的人是货物唯一真实的收货人，承运人则有责任按照提单上所载明的提示适当地交付货物。事实上，因完成了货物交付才使货物实际转移了物权。提单规定了有关承运人义务的具体条款和条件，并就所有可能引起货物丢失损坏的原因明确其责任，当然，提单上规定有不可抗力的事故除外。因此，清楚地了解提单上的条款和条件是非常重要的。

2. 运费清单。运费清单是承运人收取其所提供的运输服务费用的一种方法。运费可以是预付的，也可以是到付的。预付运费意味着在没有履行运输义务之前就必须支付运输费用，而到付运费则要求收货人承担付费责任。

在准备提单和运费清单的过程中涉及大量的管理工作。随着科学技术的发展，人们已可以通过电子数据文换系统（EDI）自动生成和传输运费清单和提单。

3. 货运清单。在一辆运输工具装运多票货物时，每一票货物的托运都需要签发一套提单。货运清单上须列明停靠站点、收货人、提单、重量以及每票货的清点数，其目的是要提供一份单独的文件，用于明确总货载中的具体内容，而无须检查个别的提单。对于一站到底的托运货物来说，货运清单的性质与提单基本相同。

（二）运输结算管理

运输结算管理包括运输费用的结算和账务处理，还可以包括索赔和处理他人索赔、运输设备的维修与报废等。

三、实验环境与条件

知识准备：基本掌握企业管理、物流管理、营销管理、筹资决策、投资决策、会计核算等经济管理类专业的专业知识；从直接或间接渠道了解现实中的物流公司是如何执行合同并解决其中的问题的。

条件准备：《企业运作仿真综合实习教程》；已经搭建好仿真实习平台，第三方物流公司拥有一定范围的经营场所；第三方物流公司需配置1台电脑，并安装了Office办公软件，连接校园局域网与互联网；仿真实习组织管理部门配备了打印复印设备；抽签条。

四、实验流程

1. 按物流运输方案安排运输资源，执行运输任务；
2. 第三方物流公司在经营地点与所有需要物流相关服务的公司或机构签订合同或协议后，让其抽签；
3. 抽签决定准时率、破损率等合同执行情况指标；
4. 按准时率、破损率的不同，第三方物流公司对相关客户做出解释和赔偿；
5. 进行运输结算；
6. 第三方物流公司对合同执行情况进行分类统计汇总。

五、实验成果与评价

根据本实习项目完成情况及提交实习结果的及时性等综合考核与评价。
1. 运输业务完成情况（占30%）；
2. 运输结算情况（占30%）；
3. 合同执行情况统计分析（占40%）。

六、理论思考

1. 合同执行情况可以通过什么指标去体现？
2. 有无更好的办法来体现合同执行情况？
3. 如何处理和客户的关系？有何困难？如何解决？

第四节　仿真物流企业运输绩效评价

一、实验内容

第三方物流公司参照年度计划进行业务执行情况分析总结，找出存在的主要问题，提出相应解决方案，使下一年能够更好地开展相关业务。

二、相关知识提示

运输作为物流的一项重要活动，主要完成实物从供应地到需求地的移动问题。进行运输绩效评价与分析，有利于提高运输效率和运输的经济效益。

（一）运输绩效评价标准的选择

具体进行绩效评价与分析时，运输活动评价标准可选择以下内容：
（1）运输、取货、送货服务，质量良好，即准确、安全、迅速；
（2）能够及时提供有关运输状况、运输的信息及其服务；
（3）货物丢失或损坏，能够及时处理有关索赔事项；
（4）认真填制提货单、票据等运输凭证；
（5）与顾客长期保持真诚的合作伙伴关系。

在对运输活动进行绩效评价时，并非完全按上述5项标准选择，可结合承运人及顾客的实际情况，确定评价标准。并将所选标准按重要程度进行打分，根据汇总的总分（加权处理）多少判别优劣，具体操作可参考表5-1。

表 5-1　　　　　　　　物流运输活动绩效评价标准

评价因素	相对重要性	承运人绩效	承运人等级
运输成本	1	1	1
中转时间	3	2	6
可靠性	1	2	2
运输能力	2	2	4
可达性	2	2	4
安全性	2	3	6
总等级			23

注：承运人等级＝相对重要×绩效
　　相对重要性：1 高度重要；2 适度重要；3 低度重要。
　　承运人绩效：1 绩效好；2 绩效一般；3 绩效差。

表中的运输成本显然是首先考虑的评价标准，但是运费并不是唯一的成本构成，整个物流系统的成本还必须考虑设备条件、索赔责任及装载情况等相关因素。

中转时间直接影响库存水平，所以也是一条重要的标准。可以想象，如果承运人提供的运输服务不稳定，就必须有较多的库存。同样道理，如果承运人不能将货物及时送达，就可能会失去市场。

可靠性的评估通常是以订货支付的完成为基础。一票单订货已经完成并装运交付，仓库就会记录抵达时间与日期，并传输到采购部门。经过计算机处理后，将一个承运人绩效记录及时提交给采购部门及运输部门，很容易地分析判断承运人的可靠程度。

运输能力包括运输和服务两个方面的能力。运输能力主要指提供专用车船的能力（例如低温、散装等车辆）及卸车（船）的能力。服务能力主要是 EDI 的利用、在线跟踪运输及门到门服务。

另外一个标准是可达性。尽管多式联运提供了广泛的服务，使可达性越来越不成为问题，但通过"直达运输"和"联合运输"的协议来实现承运人的可达性越来越重要。

最后一个标准是安全运输能力。对安全性的评价从预防能力和理赔能力两方面来考虑。

使用上表的标准进行全面评价采用的步骤如下：

（1）评定每一个标准的相对重要性，并分配相应的权数。例如非常重要的评为"1"，不太重要的评为"3"，如上表采用3分制进行评定。

（2）对承运人绩效进行评分。上表是3分制的标准，即绩效范围为"好、中、差"，相应评价为"1、2、3"。最后根据承运人等级得分情况（最佳承运人得分最低），选择合作伙伴及分配运输量。在对运输方式及多式联运方案的绩效评价时也可以采用这种评价分析方法。

（二）运输活动绩效评价量化指标

1. 商品运输量。

（1）实物重量为计量单位：

商品运输重量（吨）＝商品件数×每件商品毛重（公斤）×1 000

（2）以金额为计量单位：

商品运输重量（吨）＝运输商品总金额/该类商品每吨的平均金额

2. 运输损失。

（1）按运输收入计算：

损失率＝运输经济损失之和/运输业务收入×100%

（2）按商品价值计算：

损失率＝经济损失之和/发运抵达商品总价值×100%

3. 运价费用水平：

运价费用水平＝运输费用总额/商品销售总额×100%

4. 运输费用效益：

运输费用效益＝经营盈利额/运输费用支出额

5. 合理运输评价指标。

（1）商品待运期：

商品待运期＝计算期逐日累计待运商品的吨数/计算期逐日累计商品发运的吨数

（2）货损货差率：

货损货差率＝货损货差票数/办理商品发运抵达总票数

6. 消耗评价指标。

（1）实际油耗：

实际油耗（升/百吨公里）＝报告期实际油耗/(报告期实际吨公里×100)

（2）修保费。

修保费（元/千里）＝车辆保养及小修费用/(行驶公里×1 000)

7. 安全评价指标。

（1）事故频率。

事故频率（次/万公里）= 报告期内事故次数/(报告期内总行驶公里 × 10 000)

（2）安全间隔里程。

安全间隔里程（万公里/次）=（报告期内总行驶公里 × 10 000)/报告期内事故次数

8. 运输效率与效益评价指标。

（1）车船完好率。

车船完好率 = 报告期内运营车船完好总天数/报告期内运营车船总天数 × 100%

（2）车船利用率。

车船利用率 = 报告期内运营车船投产总天数/报告期内运营车船总天数 × 100%

（3）车船实载率。

车船实载率 = 报告期内车船实载行驶总里程/报告期内车船总行驶里程 × 100%

（4）吨位产量。

吨位产品 = 报告期内完成的周转量/报告期内平均总运力

（5）吨公里成本。

吨公里成本 = 报告期内运输生产总成本（元）/报告期内货物总周转量（吨公里）

（6）单车船经济收益。

单车船经济收益 = 单车船营运总收入 − 单车船成本合计

（计算结果为正值，则为盈利；计算结果为负值，则为亏本。）

9. 运输质量评价指标。

（1）准时运输率。

准时运输率 = 准时运送次数/运输总次数 × 100%

（2）车船满载率。

车（船）满载率 = 车（船）实际装载能力/车（船）装载能力 × 100%

三、实验环境与条件

知识准备：基本掌握企业管理、物流管理、营销管理、筹资决策、投资决策、会计核算等经济管理类专业的专业知识；从直接或间接渠道了解现实中的物流公司是如何进行物流业务计划执行情况分析与总结的。

条件准备：《企业运作仿真综合实习教程》；已经搭建好仿真实习平台，第三方物流公司拥有一定范围的经营场所；第三方物流公司需配置 1 台电脑，并安装了 Office 办公软件，连接校园局域网与互联网；仿真实习组织管理部门配备了打印复印设备。

四、实验流程

1. 第三方物流公司对比年度计划和合同执行情况分类统计汇总表，如果没有完成计划，找出差距及主要原因；
2. 按公司制定的运输活动绩效评价量化指标评价年度运输情况；
3. 第三方物流公司撰写年度工作总结，针对问题提出相应的解决方案。

五、实验成果与评价

根据本实习项目完成情况及提交实习结果的及时性等综合考核与评价。
1. 本实习项目按时完成情况（占 30%）；
2. 第三方物流公司年度工作总结（占 70%）。

六、理论思考

1. 如果能完成部分计划，经验是什么？
2. 如果没有完成计划，问题是什么？原因是什么？对应的建议是什么？
3. 年度工作总结与下年度计划的制定有什么关系？

第五节 仿真物流企业运输业务实验案例

宇通物流公司第八年运输计划及运营情况

1. 提升公司运力。第八年度，公司现有 5 辆卡车 A，6 辆卡车 B，5 辆卡车 C，以现有的运力是远远不能满足市场运输需求的。因此，为了保证公司的运力，公司着力与 C 区的租赁公司建立长期的合作关系，计划在第八年度向租赁公司租赁 3 辆卡车 A，2 辆卡车 B 和 2 辆卡车 C。

2. 积极开拓运输市场。公司积极提升自身运力的同时，也要积极开拓市场，寻求货源信息。加强与各个制造企业的联系，扩展货源。在开拓市场时候，必须积极提升员工服务意识，进行门到门服务。运输部要彻底改变以往的服务意识，提高工作效率，实行一站式的服务，充分调动每位员工的积极性，发挥他们的主观能动性，分工明确，责任到人。

3. 设计运输计价系统。由于公司目前尚无先进的计价系统，第八年第一季度成立一个设计运输计价系统的项目小组，由公司的 CEO 任项目小组的组长，负责带领组员完成公司运输计价系统的设计。运输计价系统的设计不仅利于提高工作的效率，而且能大大提高客户的满意度，为进一步开拓市场做好准备，见图 5-1。

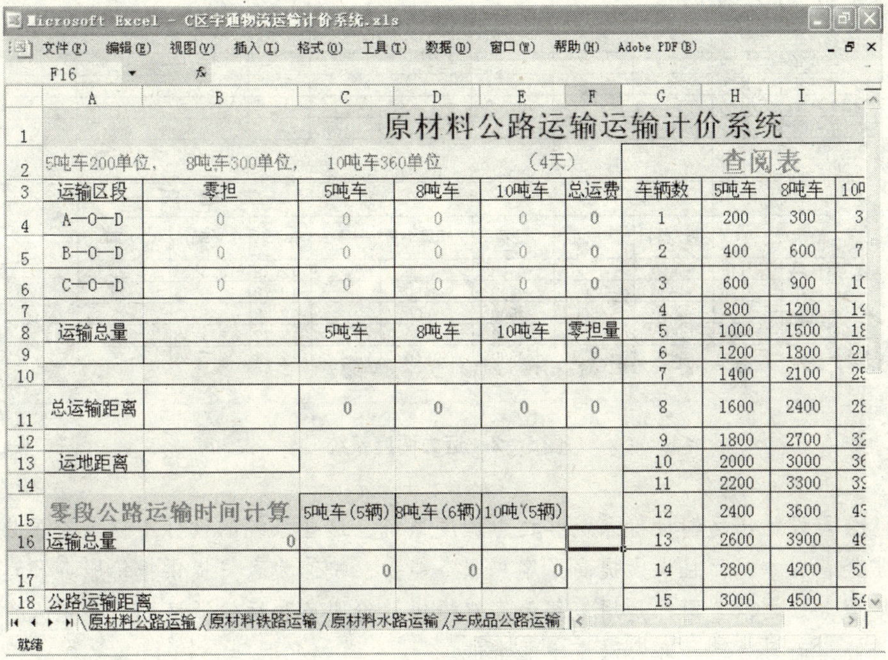

图 5-1 运输计价系统

4. 设计运力调度系统

运力调度是公司运输业务的核心所在，公司运力的调度能力直接关系到公司运力资源的利用率和盈利率。因此，公司第八年第一季度也成立一个设计运力调度系统的项目小组，由运营部主管任项目小组组长，负责带领组员完成运力调度系统的设计，见图 5-2。

客户图例	合众科技	翔云电脑	锐达科技	鹏翔科技	甲虫电子	e家人	迈希科技	众成集团	卓逸电

宇通运力调度系统

原材料（十二）

运量 货物 日期									
第八年十二月25									
第八年十二月26									
第八年十二月27									
第八年十二月28									
第八年十二月29									
第八年十二月30									
第八年十二月31									

原材料运量超过4600/天，或产成品超过3450/天，均需租用运力

需租用运力

数量 货物 日期	原材料	产成品	设备	总超运力量	A车（辆）	B（辆）	C（辆）
第八年十二月1	-4600	-4600	-4600	-4600	-12.78	-15.3333	-23
第八年十二月2	-4600	-4600	-4600	-4600	-12.78	-15.3333	-23
第八年十二月3	-4600	-4600	-4600	-4600	-12.78	-15.3333	-23
第八年十二月4	-4600	-4600	-4600	-4600	-12.78	-15.3333	-23

图5-2 运力调度系统

公司设计出运输计价系统和运力调度系统，这些系统的设计不仅节省了公司日常经营成本，而且大大提高了客户服务能力，快速为客户提供报价服务和运输调度服务。之前公司都是用笔算为客户提供计价服务和运输调度的，不但人力成本极高，而且效率和客户满意率非常低。

另外公司还制定了区别性的运输服务定价策略，对于一次性运输20万单位以上的客户，一律给予总运输费用2%的优惠；对于长期合作伙伴则给予总运输费用4%的优惠。通过这种定价策略，大大扩展了公司的客户网络。进一步提高了公司在整个市场上的影响力。

第六章 仿真物流企业仓储业务管理

第一节 仿真物流企业的仓储计划

一、实验内容

确定第三方物流公司仓储业务计划制定前需采集的信息类型和来源，预计难易程度，从实习的相关规则和基础数据以及生产制造公司和其他外部机构内部采集需要的信息，为业务计划制定打好基础。随后，制定第三方物流公司仓储业务的服务标准和报价。应用采集到的相关信息，通过每年初制定的年度仓储业务计划，具体体现仓储业务服务标准，反映当年的业务供需特点，为全年仓储业务的顺利开展做好准备。

二、相关知识提示

（一）基本仓储决策

1. 物权决策。自有仓库或公共仓库？

一个企业是自建仓库还是租赁公共仓库需要考虑以下因素：周转量、需求的稳定性、市场密度、管理水平。

2. 数量决策。

3. 仓库的选址。

4. 仓库的布局和设计。

（二）三种仓储空间获得方式下的成本构成与计算

1. 企业自有仓库。企业首先可以通过自建来获取仓库等设施设备。

优点：

（1）可以更大程度地控制仓储。

（2）自有仓库的管理更具灵活性。

（3）长期仓储时，自有仓库的成本低于公共仓库。

（4）可以为企业树立良好形象。

缺点：

（1）自有仓库固定的容量和成本使得企业的一部分资金被长期占用。

（2）自有仓库还存在位置和结构的局限性。

注意：

（1）设施设备的价值损耗（种类及影响因素）。

有形损耗、无形损耗。

（2）影响折旧的因素。

计提折旧的基数、净残值、使用年限。

（3）折旧方法。

直线法、加速折旧。折旧方法的比较。

2. 租赁仓库。租赁仓库的特点是只提供存储货品的服务，很少或根本不提供其他物流服务。

通过租赁仓库进行仓储的优点在于：从财务角度看，可以使企业避免仓库的资本投资和财务风险；不要求企业对其设施和设备作任何投资，企业只需支付相对较少的租金即可得到仓储空间。

使用租赁仓库进行仓储的缺点是：在一定租赁期内，租赁的仓储面积是一定的，不会随企业库存量的改变而改变，容易造成浪费。

租金（与库存水平无关）。

3. 公共仓库。

优点：

（1）从财务角度看，企业不需要自建仓库的资本投资。

（2）可以满足企业在库存高峰时大量额外的仓储需求。

（3）使用公共仓库可以避免管理上的困难。

（4）公共仓库的规模经济可以降低企业的仓储、运输成本。

（5）使用公共仓库时企业的经营活动更加灵活。

（6）便于企业掌握物流成本。

缺点：

（1）增加了企业的包装成本。

（2）增加了企业控制库存的难度。

公共仓库的收费是由公共仓库的提供方和公共仓库的承租方（企业）通过谈判来确定的。收费的高低根据以下因素商定：

①所需仓储空间的大小与期限；

②存储产品的种类数；

③产品存储时有无特殊要求或限制；

④搬运等仓储作业的强度；
⑤订单的平均规模；
⑥所需文字记录工作的工作量等。

收费由三部分组成：

（1）存储费，与企业在公共仓库中的存货数量与仓储时间关系密切，一般按每月每单为单位来计收，有时也会按商品实际占用的仓储空间计收成本，以平方或立方计收。（应属于库存持有成本的一部分）

（2）搬运费，反映了企业在公共仓库中仓储作业的数量，通常按每单为单位计收。因为货物的搬运次数是衡量搬运成本的重要尺度，因此有时也会按次收费，对每次入库/出库收取搬运费。文字记录工作的费用一般直接向客户收取，如提单制作的成本就以每份提单为单位计收。（应属仓储作业成本）

（3）附加成本，对于企业来说，公共仓库是一个所有成本都可变的仓储系统。企业停止使用公共仓库后，所有的费用均会消失。

4. 作业相关成本。

主要作业：出入库、装卸搬运、流通加工。

相关成本：人工成本、耗材、折旧、修理费、外包费用、事故损失、管理费。

三、实验环境与条件

知识准备：基本掌握企业管理、物流管理、营销管理、筹资决策、投资决策、会计核算等经济管理类专业的专业知识；从直接或间接渠道了解现实中的物流公司在制定仓储业务计划前需要采集什么类型的信息，如何制定仓储业务服务标准和报价，如何制定仓储物流业务计划。

条件准备：《企业运作仿真综合实习教程》；已经搭建好仿真实习平台，第三方物流公司拥有一定范围的经营场所；第三方物流公司需配置1台电脑，并安装了Office办公软件，连接校园局域网与互联网；仿真实习组织管理部门配备了打印复印设备。

四、实验流程

1. 确定第三方物流公司仓储业务计划制定前需采集的信息类型和来源，可能涉及到的主体，预计采集的难易程度；

2. 从实习的相关规则和基础数据以及生产制造公司和其他外部机构内部实际采集需要的信息；

3. 分类整理采集到的信息，识别确实真实及有应用意义的信息，为仓储业务计划的制定打好基础；

4. 完成信息分类统计汇总表；

5. 预测当年物流业务需求总量及仓储业务需求量，时间空间分布特点，可能涉及的主要公司或机构；

6. 结合采集到的信息和第三方物流公司的发展战略以及当年供给能力，制定第三方物流公司的仓储业务计划；

7. 制定第三方物流公司的仓储业务的服务标准，要有具体的指标和标准，不能太空泛；

8. 提交仓储业务计划及仓储服务标准，待指导老师修改后确定；

9. 对仓储业务进行实际报价并在仿真市场公布相关信息；

10. 上传业务计划到第三方物流公司的博客平台，做好计划的存档工作。

五、实验成果与评价

根据本实习项目完成情况及提交实习结果的及时性等综合考核与评价。

1. 信息分类统计汇总表（占20%）；
2. 采集信息的过程控制（占20%）；
3. 仓储业务服务标准（占15%）；
4. 仓储报价单（占15%）；
5. 年度仓储业务计划（占30%）。

六、理论思考

1. 探讨物流服务水平与物流成本的关系，思考如何在服务标准制定和报价中反映两者的关系。

2. 采集信息对公司业务计划的制定有何重要意义？

3. 你确定要采集的信息是否一定能采集到？为什么？

4. 运用什么方法对信息进行分类统计比较好？你是如何操作的？

5. 在实际采集的过程中和其他主体接触时你是否遇到了困难？为什么？你是如何解决的？

6. 制定仓储业务计划要考虑的主要因素是什么？

7. 你采用什么方法和什么指标来制定物流服务水平？为什么？

8. 你是否修改了标准报价？为什么？

9. 采集到的信息对你的业务服务标准的制定有何影响？

第二节 仿真物流企业的仓储方案

一、实验内容

第三方物流公司与其他所有需要仓储服务的企业和机构在物流公司办公地点进行谈判，从各自利润最大化或成本最小化出发，签订仓储服务合同。物流公司根据一段时间内的订单情况提出相应的整体仓储方案。

二、相关知识提示

（一）物流服务合同
参照第八章第一节合同管理相关内容。
（二）仓储合理化原则
面向通道原则、分层堆放原则、先进先出原则、周转频率对应原则、同一性原则、相似性原则、重量对应原则、形状对应原则、明确表示原则。
（三）物流方案的基本理论
参照第五章第二节仿真物流企业运输方案相关内容。

三、实验环境与条件

知识准备：基本掌握企业管理、物流管理、营销管理、筹资决策、投资决策、会计核算等经济管理类专业的专业知识；从直接或间接渠道了解现实中的物流公司是如何接洽物流业务的；了解签订合同要注意的若干问题。

条件准备：《企业运作仿真综合实习教程》；已经搭建好仿真实习平台，第三方物流公司拥有一定范围的经营场所；第三方物流公司需配置1台电脑，并安装了Office办公软件，连接校园局域网与互联网；仿真实习组织管理部门配备了打印复印设备。

四、实验流程

1. 第三方物流公司在经营地点接洽前来商谈的所有需要仓储服务的公司或机构；
2. 第三方物流公司与仓储服务需求方进行一对一的谈判；
3. 谈成后签订仓储合同或协议；
4. 第三方物流公司整理合同并进行分类统计汇总和存档；

5. 设计某段时间内的整体仓储方案。

五、实验成果与评价

根据本实习项目完成情况及提交实习结果的及时性等综合考核与评价。
1. 年度仓储业务合同（占30%）；
2. 年度仓储业务统计分析（占30%）；
3. 仓储方案（占40%）。

六、理论思考

1. 进行谈判时要注意什么问题？
2. 签订的合同是否体现了自身利润最大化或成本最小化？为什么？
3. 如谈判过程破裂，你将如何处理？

第三节　仿真物流企业的仓储运作过程管理

一、实验内容

第三方物流公司与其他所有需要仓储服务的企业和机构在物流公司办公地点以抽签方式体现合同执行的具体情况，尽量与现实情况相符。

二、相关知识提示

（一）仓储管理过程

1. 商品接运。仓库商品接运就是对运达仓库的商品的件数及外观质量进行检查核对，然后安置在收料处的作业过程。商品接运按其特点可分为到货接运和提货接运。商品接运是商品入库的第一步，它的主要任务是及时而准确地从交通运输或供货单位那里接收入库的商品。

在接货前要做好准备工作，包括：根据到货时间、数量和保管要求，确定存放场所；安排好装卸机具、车辆和人员等内容。提货或接货时，要进行凭证校对和外观质量检查，如发现问题，要督促承运人员或送货人员复查，并做出相应的记录。卸车时要分清品种、规格和批次，有问题的要单独存放，临时保管好，以备处理。卸车后要做出卸车记录，连同有关凭证，与保管人员办清内部手续。

2. 验收入库。所谓商品验收是在仓库接货后、商品正式入库前，仓库或有关技术部门按一定程序和手续，对商品的数量和质量进行检查，以验证它是否符合订货合同的规定。商品验收是一项既复杂又细致的工作，它具有作业时间短、技术性强和工作量大的特点，要做到严肃认真、及时准确和全面完整。

（1）验收商品的准备。首先要做好以下准备工作，包括：备好有关验收商品，准备、校验验收工具等。然后对待验收商品的有关凭证进行认真校对。这些凭证包括入库通知单、订货合同、产品质量证明书或合格证、装箱单、磅码单、发货明细表、运单等。这些资料是验收的依据。

（2）实物验收。商品检验（Commodity Inspection）就是对卖方交付商品的品质和数量进行鉴定，以确定交货的品质、数量和包装是否与合同的规定相一致。检验商品分为数量验收和质量验收。最后要妥善处理验收中的问题。对因证件不完备而无法验收的，要催请有关方面尽快备齐；对产品质量证明书与规定的技术标准或合同不符的，要立即与对方协商解决；如质量有问题或错发商品，可先检验合格品，对不合格品单独保管，并及时与有关方面联系解决；对数量不符的，要做出磅差记录，呈报有关部门处理；对发现问题的进口商品，应在索赔期内报商检局办理索赔事宜。

（3）建立商品档案。商品档案是保存的历年来商品的技术资料及出入库的有关资料。商品验收入库后，保管人员应按商品的品种、规格、批次等填制保管账，并注明货位与档号，以便查找。还要填制反映商品有关情况及收发动态的保管卡片，即料卡，拴挂在货垛上。商品档案应一物一档，同批次、同规格、同一生产厂家的可归为一档。档案内容包括：商品出厂及运输的各种凭证资料，如验收的单证；保管期内的各种记录及出库凭证等。商品档案应由专人保管，并建立档案的收集、保管和使用制度。建立商品档案的目的是为了准确地了解商品在保管期间及出库业务活动中的数量、质量变化情况，管理措施及其效果，有利于积累和研究商品的仓储经验，摸索管理规律，改进和提高仓储业务水平。

3. 商品保管业务管理。商品保管业务是仓库的基本职能，也是储运业务管理的中心内容。商品保管是在一定的条件下，为保存商品的使用价值而进行的业务活动。根据商品保管业务活动内容，可将商品保管业务分为两部分：一是合理储存，二是科学养护。

（1）合理储存。合理储存就是为了将商品受外界环境影响所发生的损失减少到最低程度而采取的储存方法。它包括商品分区分类保管、库区及货区的合理布置和编号、合理堆码苫垫、商品清仓盘点和在库检查制度等。

（2）科学养护。科学养护是根据商品本身性质及所处的环境和条件，所采取的为阻止或延缓商品本身理化性能变化的一项工作。要按"以防为主，防治结合"的方针，加强管理，妥善保养，经常检查，使损失减少到最低限度。

保管业务管理的基本要求是：确保商品在保管期间质量完好、数量准确，并降低损耗、节约费用、提高仓容利用率。

4. 商品出库业务管理。商品出库业务是商品储存业务的最后一个环节，是仓库根据使用单位或业务部门开出的商品出库凭证，按其所列的商品名称、规格、数量和时间、地点等项目，组织商品出库登账、配货、复检、点交清理、送货等一系列工作的总称。对出库业务管理的要求是：保证先进先出、近期失效先出，把好出库审校关，以完备的手续，将质量完好、数量准确、包装牢固、标志正确清晰的商品，及时准确地发运给收货单位。

出库业务管理主要有以下内容。

（1）详细校对出库凭证，发现错误或有疑问，要及时同有关部门联系。

（2）校对无误后即可备货，按出库凭证查对料卡，把出库商品迅速备齐，并配齐有关单证，同时要调整账、卡、核销存货。

（3）备货后，为防止差错事故，要进行一次复校。复校的内容为二查一校，即查外观质量是否完好、查技术证件是否齐全，核对出库凭证所列各项内容与所备商品是否相符。复核的形式可采取保管员自核、保管员之间相互交叉复核及由专职人员复核，需要包装或交由运输部门托运的商品也可由包装人员与托运人员进行复核。复核无误后，复核人要签名盖章。

（4）办理交接手续。采用提货方式出库商品，可将商品连同有关资料向提货人员当面点交；采用代运方式发货的商品，要与负责托运的人员办清交接手续。

（二）仓储结算管理

仓储结算管理包括仓储费用的结算和账务处理，还可以包括索赔和处理他人索赔、仓储设备的维修与报废等。

三、实验环境与条件

知识准备：基本掌握企业管理、物流管理、营销管理、筹资决策、投资决策、会计核算等经济管理类专业的专业知识；从直接或间接渠道了解现实中的物流公司是如何执行合同并解决其中的问题的。

条件准备：《企业运作仿真综合实习教程》；已经搭建好仿真实习平台，第三方物流公司拥有一定范围的经营场所；第三方物流公司需配置1台电脑，并安装了Office办公软件，连接校园局域网与互联网；仿真实习组织管理部门配备了打印复印设备；抽签条。

四、实验流程

1. 按物流仓储方案安排仓库及搬运工资源，执行仓储任务；
2. 第三方物流公司在经营地点与所有需要物流相关服务的公司或机构签订合同或协议后，让其抽签；
3. 抽签决定完好率、破损率等合同执行情况指标；
4. 按完好率、破损率的不同，第三方物流公司对相关客户做出解释和赔偿；
5. 进行仓储结算；
6. 第三方物流公司对合同执行情况进行分类统计汇总。

五、实验成果与评价

根据本实习项目完成情况及提交实习结果的及时性等综合考核与评价。
1. 仓储业务完成情况（占30%）；
2. 仓储结算情况（占30%）；
3. 合同执行情况统计分析（占40%）。

六、理论思考

1. 仓储合同执行情况可以通过什么指标去体现？
2. 有无更好的办法来体现仓储合同执行情况？
3. 如何处理和客户的关系？有何困难？如何解决？

第四节　仿真物流企业的仓储绩效评价

一、实验内容

第三方物流公司参照仓储年度计划进行业务执行情况分析总结，找出存在的主要问题，提出相应的解决方案，使下一年能够更好地开展仓储业务。

二、相关知识提示

（一）存货的量化评价绩效指标

对存货明确而又一致的绩效评价是存货管理过程中的一个关键部分，绩效评价既要反映服务水平又要反映存货水平。如果只集中在存货水平上，计划者就会倾向于存货水平最低，而有可能对服务水平产生负面影响；与此相反，如果把绩效评价单一地集中在服务水平上，将会导致计划者忽视存货水平。所以绩效评价应能够清楚地反映企业的期望和实际需要。

1. 仓库资源利用程度。仓库利用率指仓库在面积、容积等方面的有效利用程度的指标。反映仓库能力的利用情况以及仓库规划水平的高低。

（1）地产利用率。

地产利用率＝仓库建筑面积/地产面积×100%

（2）仓库面积利用率。

仓库面积利用率＝仓库使用面积/仓库建筑面积×100%

这个值随着物资的接收量、保管量、发放量、物资的性质、保管的设备、物资的放置方法、搬运设备、物资的处理方法、通道的布置方法、搬运手段、库存管理方法等而异。一般情况下，仓库通道所占面积比率为20%～70%。从有效利用率可以看出仓库工作人员的业务水平。

（3）仓容利用率。

仓容利用率＝库存商品实际数量或容积/仓库应存数量或容积×100%

仓库内有效容积利用率是指实际使用容积与仓库有效容积的比例。通道所占面积包括在有效容积之内，但使用容积则不包括通道容积，仅计算放置物资的容积。

这个值与在上述仓库有效面积利用率相同的各种条件下，也有所不同。这是因为它与面积利用率一样，通道占用了很多面积，在容积上也反映出来。因此，通道的布置方法就左右着有效容积利用率，在仓库容积效率方面能否提高库内有效容积利用率是最终表现仓库工作人员才能高低的地方。

（4）有效范围。

有效范围＝库存量/平均每天需求量×100%

（5）投资费用比。

投资费用比＝投资费用/（单位库存单位时间）×100%

（6）设备完好率。

设备完好率＝期内设备完好台数/同期设备总台数×100%

（7）设备利用率。

设备利用率＝全部设备实际工作时数/设备工作总能力（时数）×100%

2. 服务水平。服务水平或需求满意是衡量用户需要时库存可获得性的指标。服务水平对不同的行业与服务有不同的理解和定义，如，（1）零售企业用客户服务（企业的最终客户）水平来衡量其服务水平；（2）制造业用设备操作水平、生产服务水平（依靠库存供应的设备或生产保持持续运行的时间）来衡量其服务水平；（3）仓储企业常用用户服务（库存项目对用户需求满足的供货数量）

水平来衡量其服务水平。

服务水平高当然更好一些,但要考虑库存费用。服务水平或需求满意是通过由库存满足的用户需求的数量来计算的,表示为占所有总需求数量的比例。要提高用户的满意度就要提高库存,应当调节需求满意度与库存需求之间的平衡。

(1) 缺货率。

缺货率 = 缺货次数/顾客订货次数 × 100%

(2) 顾客满足程度。

顾客满足程度 = 满足顾客要求的数量/顾客要求数量 × 100%

(3) 准时交货率。

准时交货率 = 准时交货次数/总交货次数 × 100%

(4) 货损货差赔偿费率。

货损货差赔偿费率 = 货损货差赔偿费总额/同期业务收入总额 × 100%

3. 储存能力和质量。

(1) 出库率(Rate of Delivery)是实际出库量(数量、重量、金额)与计算出库量的比率。其计算公式为:

出库率 = 每月实际出库量/每月计划出库量 × 100%

此值随每月的计划出库量而不同。计划数量少时,出库率往往远远超过100%;当计划数量多时,出库率往往大大低于100%,这样的值都不能说是好的。但是,计划值较恰当时,出库率为100%是好的。出库率反映出库作业的状态,是一个重要的指标。

(2) 供给率(Rate of Supply)表示库存物品对用户需求满足的程度,即用户服务水平是供给量(数量、重量、金额)与要求量(数量、重量、金额)的比值。供给率可根据不同物资种类、不同要求单位以及全月合计数量等进行计算。一般的计算公式为:

供给率 = 实际出库量/要求出库量 × 100%

这个值不管上述的物资种类、需求单位、全月合计数量如何,都以100%为好。统计资料表明在期限允许范围内,供给率一般在75%~90%之间。

(3) 及时发放率(Rate of Prompt Delivery)。它是衡量库存准确率的指标之一,指要求从仓库出库交给对方的物资数量与能够及时予以发放物资数量的比例。

这里的及时界限可以把即时、即日、2日以内或3日内等看成是及时,一般由企业确定。其计算公式是:

及时发放率 = 实际及时出库的数量/要求及时出库的数量 × 100%

及时发放率以100%为最好。实际上多数为60%，其次为80%，极少能达到100%。

（4）综合发放率（Rate of Perfect Delivery）。一般是指每月实际发放的物资数量（件数、重量、金额）与本月要求发放物资数量的比例。其计算公式为：

综合发放率＝每月实际出库量每月要求出库量×100%

（5）收发差错率。它也是衡量库存准确率的指标之一，是指物资种类、质量、数量、重量、金额、时刻、时期、发货目的地等出入库时发生差错的数量占总出库量的比例，反映物资在收发过程中的差错情况，误发率多数按旬或按月进行计算。按月计算公式为：

物资收发差错率＝计划期内发生收发差错的物资量计划期内仓库的进出总量×100%

式中的差错量应该是由于验收不严、复校不够而造成错发错收的物资总量，一般以每笔收发业务为计算单位，其值最好为0%。

（6）账物卡相符率。反映仓储记账、料卡、实物三者相符的情况。其计算公式为：

账物卡相符率＝（1－账物卡不符项数库存物资总项数）×100%

（7）仓库吞吐能力实现率。

仓库吞吐能力实现率＝期内实际吞吐量/仓库设计吞吐量×100%

（8）商品缺损率。

商品缺损率＝期内商品缺损量/期内商品总数×100%

（9）仓库吨成本。

仓库吨成本＝仓储费用/库存量×100%

三、实验环境与条件

知识准备：基本掌握企业管理、物流管理、营销管理、筹资决策、投资决策、会计核算等经济管理类专业的专业知识；从直接或间接渠道了解现实中的物流公司是如何进行仓储业务计划执行情况分析与总结的。

条件准备：《企业运作仿真综合实习教程》；已经搭建好仿真实习平台，第三方物流公司拥有一定范围的经营场所；第三方物流公司需配置1台电脑，并安装了Office办公软件，连接校园局域网与互联网；仿真实习组织管理部门配备了打印复印设备。

四、实验流程

1. 第三方物流公司对比仓储年度计划和合同执行情况分类统计汇总表,如果没有完成计划,找出差距及主要原因;
2. 按公司制定的仓储活动绩效评价量化指标评价年度仓储情况;
3. 第三方物流公司撰写年度工作总结,针对问题提出解决方案。

五、实验成果与评价

根据本实习项目完成情况及提交实习结果的及时性等综合考核与评价。
1. 本实习项目按时完成情况(占30%);
2. 第三方物流公司年度工作总结(占70%)。

六、理论思考

1. 如果能完成部分仓储计划,经验是什么?
2. 如果没有完成仓储计划,问题是什么?原因是什么?对应的建议是什么?
3. 年度工作总结与下年度计划的制定有什么关系?

第五节 仿真物流企业仓储业务实验案例

顺捷物流公司仓储部第八年年度
计划及运营情况

随着业务量的不断增长和客户需求的不断提升,仓储管理也面临着越来越大的挑战,如何降低存货投资,加强存货控制,降低物流和配送费用,提高空间、人员和设备的使用率,缩短订单流程和补库时间,成为各个仓储部门共同关心的问题。

目前市场发展的趋势是每个订单越做越小,但订单总量越来越多,作业时间也要求越来越短,客户在要求供应商企业提供越来越复杂精细的产品和服务的同时,所能提供给企业的价格却在不断降低——这是当前供应商面临的共同难题。而现在很多企业的仓库作业中,面对的问题是计划性差、库存不明确、收发货没有预通知,以及库存量的上下限没有自动预警的方法,诸如此类的问题带来了仓储作业实施变革的要求。

目前在企业应用中,解决问题的办法一是引入控制技术(条码、无线数据通信、POS机等）用于仓库控制，二是引入ERP（企业资源计划）系统用于仓库管理。而按通常的实施办法，ERP信息系统和仓库控制系统是在两个不同的（硬件、软件和网络）平台上运行。随之而来的问题是，不同平台之间通话很困难，因为各家平台供应商有自己的标准，因而无法集成。另外，各个平台在自身范围内对业务流程的集成也存在问题。为此，我们为仓储部门制定了未来一年的年度计划，使仓储部能更有效率、有依据的在未来运营。

一、长期计划概况

1. 仓储部计划的基本观念。
（1）依照公司的规模，筹措长期资金。
（2）拟订长期人才培养计划。
（3）发布与实施。因每年元月份进入此事业年度，所以12月中需将全部计划印刷完毕，向全体员工发表，以使公司员工取得共识，增强公司的凝聚力和向心力。

2. 长期计划的修正。本年度是经济的大转变期，因此公司亦要斟酌年度计划，准备大幅调整其未来1年的计划。

3. 经营的基本方针。
（1）公司是第三方物流公司，必须承担起节省成本的任务。
（2）公司要维护顾客的利益及对顾客的服务，最终达到服务社会的目的。
（3）公司要重视员工的幸福，重视每个人的成长，按能力高低支付薪资。
（4）公司要通过对顾客服务和增加员工的福利，求得公司成长，以求在竞争中立于不败之地。

二、第八年年度计划的编制

1. 第八年年度的展望。虽然物流企业还是一个比较新兴的行业，其发展潜力非常大，但是我们要想获得更多的利润和不断提高我们公司在行业中的市场竞争力，公司一定要在为客户提供最专业的物流规划方案的同时最大限度地节省自身的成本。所以说，仓储也是公司在未来发展的一个重要环节。

过去7年来，公司规模随销售额的增加而扩大直至目前的阶段。为市场的多样化的要求，本部门开发多种类型的仓库，而且价格有一定的优势。仓储部门要开发更多的客户把他们企业的仓储工作外包给我们，而且还要签订比较长期的合同。因此，我们要更进一步地努力加强行销与技术指导。但由于总体的变革，我们预估的年成长率将比以往7年提高40%的营业额，达到35%~50%左右的利润增长。

2. 方针。
（1）确立利润中心制。
（2）经费维持现状（成本中心）。
（3）库存与应收账款维持现状。
应收账款有增加的趋势。今后应收账款的增加，需配合库存量的减少。
（4）设备投资的检查。
（5）资金调度的健全化。

三、具体的实施措施

1. 提供全天 24 小时综合物流服务。可根据客户公司企业营销及战略发展要求，提供全天候、不间断仓储服务，使客户公司在同行业的销售物流中能够提供鲜明的个性化服务，增强企业竞争实力。

2. 应用完善的仓储管理系统。实行实时在库管理，使库存得到合理控制、为企业提供时实动态库存查询、可以对批发商及零售商的销售情况进行详细管理，并可以向客户公司提供各种数据及统计资料；同时根据客户公司的需要，可以提供客户端仓储查询软件实时库存查询。

3. 提供科学的报表系统。以仓储管理系统为基础，可在任何时间为客户公司提供精确、全面的统计分析报表，如库存报表、日/周/月/年进出库明细表等。

4. 采用条码管理系统。可以实现商品全面物流质量管理，控制商品的整个流通过程，可以做到精确到台的定位管理，实现批次管理和先进先出，可以对商品的各个流通阶段进行有效查询。

5. 优化物流配送线路。以公司物流信息管理系统为基础，通过对客户地址的详细了解，优化物流配送线路，提高物流配送效率。

6. 动态库存管理。可以将产品分为季节性产品和非季节性产品，并根据客户公司的库存量实行动态的库存管理，合理计算仓库费用，提高仓库利用率，降低客户公司的总体仓储费用。

7. 科学设计物流中转库。通过对客户各销售点的分布状况及各点的物流量状况的分析，考虑在分布密集且物流量大的设置点物流网点（中转库），为物流配送提供时间优势及降低配送费用。

8. 选派驻站物流调度员。经过与合作公司协商，我公司可在合作公司设立驻站物流调度员，负责协调合作公司有关部门与我公司的业务联系并进行现场调度，同时可以根据合作公司的物流要求提供优化物流方案，以保证此项目能更顺利地进行。

9. 仓储业务流程图，见图 6-1。

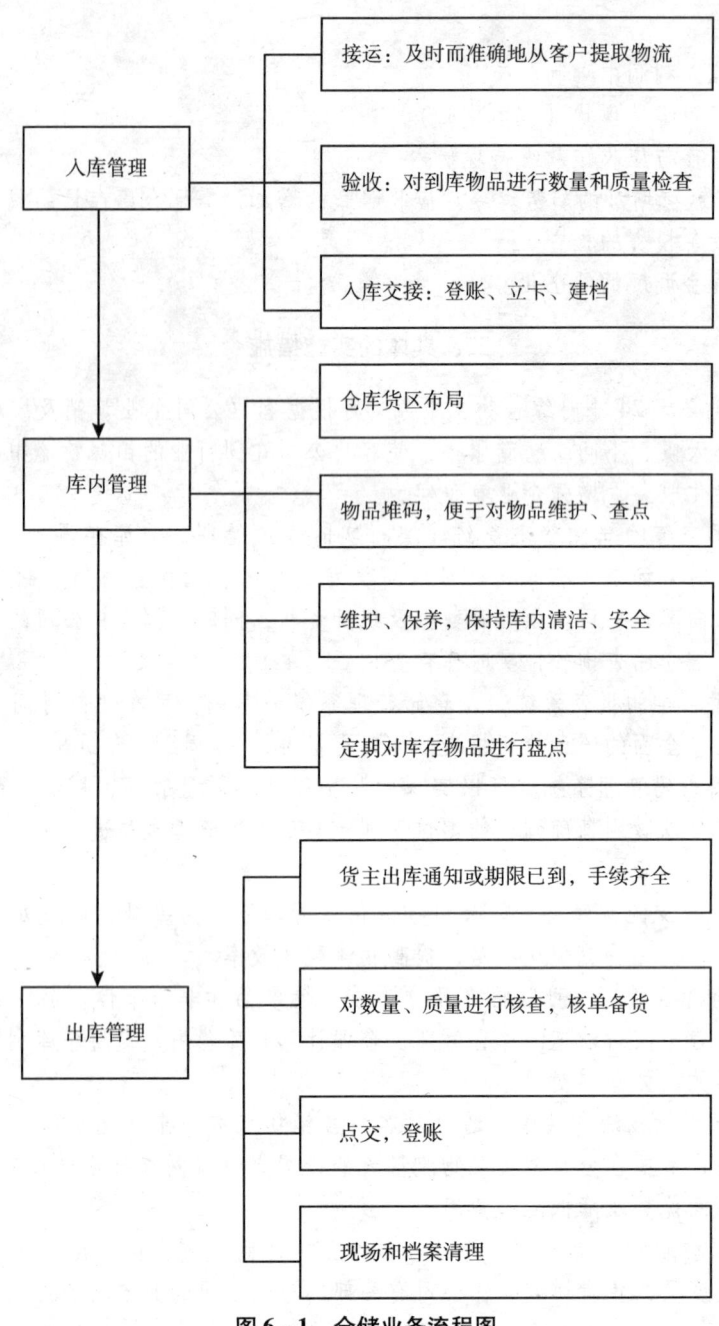

```
                    ┌─── 接运：及时而准确地从客户提取物流
        入库管理 ───┼─── 验收：对到库物品进行数量和质量检查
            │       └─── 入库交接：登账、立卡、建档
            │
            │       ┌─── 仓库货区布局
            │       ├─── 物品堆码，便于对物品维护、查点
        库内管理 ───┼─── 维护、保养，保持库内清洁、安全
            │       └─── 定期对库存物品进行盘点
            │
            │       ┌─── 货主出库通知或期限已到，手续齐全
            │       ├─── 对数量、质量进行核查，核单备货
        出库管理 ───┼─── 点交，登账
                    └─── 现场和档案清理
```

图 6-1 仓储业务流程图

四、第八年仓储业务经营情况

表 6-1　　　　　　　　　　　第八年仓储出租表

原材料仓	1月份	2月份	3月份	4月份	5月份	6月份	7月份	8月份	9月份	10月份	11月份	12月份
长城	1 400	1 400	1 400	4 400	4 400	4 400	5 400	5 400	5 400			
亿科												
飞扬				260	260	260						
月总量	1 400	1 400	1 400	4 660	4 660	4 660	5 400	5 400	5 400	0	0	0
半成品仓	1月份	2月份	3月份	4月份	5月份	6月份	7月份	8月份	9月份	10月份	11月份	12月份
中科	800	800	800	700	700	700	700	700				
通达	400	800	1 200	1 500	1 300	1 100	900	600	400	500	300	
新科						300	300	300	300	300	300	300
长城	450	450	450	1 050	1 050	1 050	1 350	1 350	1 350	1 000	1 000	1 000
布谷				300	300	300	300	300	300	300	300	300
世拓				600	600	600						
亿科				500	500	500	1 400	1 400	1 400			
月总量	1 650	2 050	2 450	4 650	4 450	4 550	4 950	4 650	3 750	2 100	1 900	1 600
产成品仓	1月份	2月份	3月份	4月份	5月份	6月份	7月份	8月份	9月份	10月份	11月份	12月份
飞扬				1 200	1 200	1 200						
长城	200	200	200									
月总量	200	200	200	1 200	1 200	1 200	0	0	0	0	0	0

仓储部每年的固定成本较高，为合理利用仓库，为公司获得最大的利润，公司的仓库必须扩大仓库的利用率，最大限度地使用仓库的库位。仓储的管理工作要做到仓库的高效使用，库存的低损耗，低成本。为此，特制定了仓储部的年度计划，预测库存需求，制定基本的仓储方案。

从仓储业务经营情况来看，第八年公司广泛拓展客户，由于各个企业都在进行初始的经营，业务量还不是很大，也不稳定，在年中存储量较大，年初和年末存储量比较小，半成品仓库的利用率比原料仓和产成品仓高。

第七章 仿真物流企业国际物流业务管理

第一节 国际物流业务概述

一、实验内容

了解国际物流业务相关知识,为承接制造企业的国际物流业务做好准备。

二、相关知识提示

(一)国际物流的含义

所谓国际物流是相对国内物流而言的,是不同国家之间的物流,是国内物流的延伸和进一步扩展,是跨国界的、流通范围扩大了的物的流通,有时也称其为国际大流通或大物流。国际物流是国际贸易的一个必然组成部分,各国之间的相互贸易最终都将通过国际物流来实现。

(二)国际物流的分类

1. 根据货物在国与国间的流向分类:

(1)进口物流。

(2)出口物流。

2. 根据货物流动关税区域分类:

(1)国家间的物流。

(2)经济区域间的物流。

如,欧洲经济同体(EU)、东盟(ASEAN)。

区域内国家间的物流与区域内国家与区域外国家间的物流在方式和环节有很大差异。

3. 根据货物的特征分类:

国际军火物流、捐助或救助物资物流、国际商品物流、国际展品物流、国际邮品物流、废弃物物流。

4. 根据运输方式不同分类:

国际航空物流、国际海运物流、国际陆运物流、国际联运物流。

（三）国际物流的启动

国际物流是在国际商流活动基本结束之后才启动。

商品经过漫长的交易过程后，需要通过物流活动来具体实现商品交易的目标，即实现商品实体的位移，这是任何一种进出口货物所追求的最终目的。

（四）国际物流系统

国际物流系统是一个高度综合的概念，带有明显的系统集成（一体化）特色。它是在一定的时间和空间里（包括国内、国家间、区域间和洲际间）进行物流活动，主要由物流人员、物流设施、货物和物流信息等要素构成的具有特定功能的有机整体。

它由商品的运输、储存、装卸与搬运、流通加工、报关、检验、包装和其前后的整理、再包装、国际配送以及信息等子系统组成，其中运输和储存子系统是物流系统的主要组成部分，国际运输更被看做是国际物流的核心。

1. 国际运输子系统。

运输特点：路线长、环节多、涉及面广、手续繁杂、风险性大、时间性强。

运输费用：在商品价格中占很大比重。

国际运输包括：运输方式的选择、运输单据的处理以及投保等。

2. 国际仓储保管子系统。仓储保管是克服商品的使用价值在时间上的差异，国际物流依靠储存保管来创造商品的时间价值。国际运输过程，等待船期、转运或办理进出口手续，或出现压港、压站现象，需要仓储保管。

国际货物的库存量往往高于内贸企业的货物库存量。从物流角度看，库存作为储备的同时，又是作为一种生产闲置存在的。所以应尽量减少存储时间、存储数量，加速货物和资金周转，实现国际物流的高效率运转。

3. 国际装卸搬运子系统。装卸搬运活动是随着运输、保管、加工等活动而发生的物流活动，是保证商品的运输和保管连续性的一种物流活动。相对于运输来讲，是短距离的商品搬移，实现的也是物流的空间效益。

装卸搬运是商品损坏的重要原因，同时也是影响物流成本的因素之一。因此，要求确定最恰当的装卸方式，力求减少装卸搬运次数，合理配置及使用装卸器具，以做到节能、省力、减少损失、加快速度，最终获得较好的储运效率和经济效果。

4. 国际流通加工子系统。流通加工是为了促进销售，提高物流效率和物资利用率，以及为维护产品的质量而采取的，能使物资或商品发生一定的物理和化学及形状变化的加工过程。

作用：确保进出口商品的质量达到要求，实现货物的增值。

出口加工：使商品更好满足消费者的需要，不断扩大出口、扩大就业机会。

具体内容：

（1）指袋装、定量小包装、贴标签、配装、拣选、混装、刷标记（刷唛）等出口贸易商品服务。

（2）生产性外延加工：如剪断、平整、套裁、打孔、折弯、拉拔、组装、改装、服装的检验、烫熨等。

5. 国际商品检验检疫子系统。由于国际贸易和跨国经营具有投资大、风险高、周期长等特点，这就使商品检验检疫成为国际物流系统中重要的子系统。

通过商检，确定交货品质、数量和包装条件是否符合合同规定，如发现问题，可分清责任，向有关方面索赔。

在买卖合同中，一般都订有商品检验条款，其主要内容有检验时间和地点、检验机构和检验证明、检验标准和检验方法等。

6. 国际商品包装子系统。由于国际物流运输距离长、运量大、周期长、装卸搬运次数较多，货物损伤的可能性大，包装活动就显得非常重要。

包装的作用：保护商品、使商品增值。

考虑出口商品包装设计和具体作业过程时，应把包装、储存、搬运和运输有机联系起来统筹考虑，全面规划，实现现代化国际物流系统要求的"包、储、运"一体化，即从商品开始包装，就要考虑储存的方便、运输的快速，以符合加速物流，方便储运，减少物流费用等现代物流系统设计的各种要求。

7. 国际通关子系统。国际贸易和国际交流、交往活动是通过运输工具、货物、物品和人员的进出境来实现的。《海关法》第八条规定"进出境运输工具、货物、物品，必须通过设定海关的地点进境或出境"。

海关是国家主权的象征，体现着国家的权利和意志。各国均设有海关，各国的通关规定有所不同，通关（清关）的速度和费用直接影响国际物流的效率和成本，是国际物流的重要环节。

8. 国际信息子系统。

主要功能：采集处理和传递国际物流和商流的信息情报。

没有功能完善的信息系统，国际贸易和跨国经营将寸步难行。

国际物流信息主要包括：进出口单证的作业过程、支付方式信息、客户资料信息、市场行情信息和供求信息等。

信息系统的特点：信息量大，交换频繁；传递量大，时间性强；环节多、点多、线长。

第二节 仿真物流企业的国际货物运输计划

一、实验内容

确定第三方物流公司国际货物运输业务计划制定前需采集的信息类型和来源，预计难易程度，从实习的相关规则和基础数据以及生产制造公司和其他外部机构内部采集需要的信息，为业务计划制定打好基础。随后，制定第三方物流公司国际货物运输业务的服务标准和报价。应用采集到的相关信息，通过每年初制定的年度国际运输业务计划，具体体现国际运输业务服务标准，反映当年的业务供需特点，为全年国际运输业务的顺利开展做好准备。

二、相关知识提示

（一）国际运输代理

1. 船务代理（Shipping Agent）。指接受承运人的委托，代办与船舶有关的一切业务的人，主要业务有船舶进出港、货运、供应及其他服务性工作等。船方的委托和代理人的接受以每船一次为限，称为航次代理；船方和代理人之间签订有长期代理协议，称为长期代理。

2. 货运代理（Freight Forwarder）。指接受货主的委托，代表货主办理有关货物报关、交接、仓储、调拨、检验、包装、转运、订舱等业务的人，主要有订舱揽货代理，货物装卸代理，货物报关代理，转运代理，理货代理，储存代理，集装箱代理等。

3. 咨询代理（Consultative Agent）。指专门从事咨询工作，按委托人的需要，以提供有关国际贸易运输情况、情报、资料、数据和信息服务而收取一定报酬的人。

以上各类代理之间的业务往往互相交错，如不少船务代理也兼营货运代理，有些货运代理也兼营船务代理等。

4. 无船公共运输承运人（NVOCC - Non-Vessel-Owning Common carrier）。无船承运人是指不拥有和不掌握船舶的承运人，他利用船舶经营人的船舶，向货主提供运输服务，并承担运输责任。

根据《海运条例》和《实施细则》的规定，无船承运业务包括为完成该项业务围绕其所承运的货物开展的下列活动：

（1）以承运人身份与托运人订立国际货物运输合同；

（2）以承运人身份接收货物、交付货物；

（3）签发提单或者其他运输单证；

（4）收取运费及其他服务报酬；

（5）向国际船舶运输经营者或者其他运输方式经营者为所承运的货物订舱和办理托运；

（6）支付港到港运费或者其他运输费用；

（7）集装箱拆箱、集拼箱业务；

（8）其他相关的业务。

（二）班轮运输

班轮运输（Liner Transport），又称为定期船运输，是在一定航线上，在一定的停靠港口，定期开航的船舶运输。

1. 班轮运输具有下列特点：

（1）"四固定"。即船期固定、航线固定、停靠港口固定和运费率相对固定。

（2）在班轮运输条件下，货物由船方负责配载装卸，装卸费包括在运费中，承运人和托运人双方不计算滞期费和速遣费。

（3）班轮承运货物的品种、数量比较灵活。

（4）承运人的责任以签发的班轮提单条款为依据。

2. 班轮运输的计价形式。在班轮运价表中规定的基本运费的收取标准，根据不同的商品，可以采用下列形式：

（1）按货物的毛重，即以重量吨（Weight Ton）为计算单位计收运费，在运价表中用"W"表示。

（2）按货物的尺码或体积，即尺码吨（Measurement Ton）计收，在运价表中用"M"表示。

（3）按货物的毛重或体积计收，选择其中一种收费较高的计算运费，在运价表中用"W/M"表示。

（4）按货物的价格计收，称为从价运费，即以有关货物的 FOB 总价值按一定的百分率收费，在运价表中用"A. V"或"ad val."表示。

（5）在货物重量、尺码或价值三者中选择最高的一种计收，在运价表中用"W/M or ad val."表示。

（6）按货物重量或尺码选择最高的一种，再加上从价运费计算，运价表中用"W/M plus ad val."表示。

（7）按每件货物作为一个计费单位收费，如活牲畜按"每头"，车辆按"每辆"收费。

（8）临时议定价格，即由货主与班轮公司临时协商运费。这种收费方式通常用于运量较大、货值较低、装卸容易的农副产品和矿产品的运输。

3. 班轮运费中的附加费（Surcharge 或 Additional）。

（1）超重附加费（Heavy Lift Additional），它是指由于货物单件重量超过一定限度而加收的一种附加费。

（2）超长附加费（Long Length Additional），它是指由于单件货物的长度超过一定限度而加收的一种附加费。

（3）直航附加费（Direct Additional），班轮公司将达到规定数量的货物直接运达非固定停靠港口卸货而加收的附加费。

（4）原产地收货费（ORC，origin receipt charge）。

（5）港口附加费（Port Surcharge），指由于港口情况复杂导致装卸效率低或港口收费高等原因而加收的附加费。

（6）转船附加费（Transshipment Surcharge），是指班轮公司在转船港口办理转船手续而加收的附加费。

除此之外，还有：

燃油附加费（Bunker Surcharge or Bunker Adjustment Factor—BAF）；

港口拥挤附加费（Port Congestion Surcharge）；

货币贬值附加费（Devaluation Surcharge or Currency Adjustment Factor—CAF）等等。

4. 班轮运费的具体计算方法。

第一步，根据货物的英文名称从货物分级表中查出有关货物的计费等级和计算标准。

第二步，从航线费率表中查出有关货物的基本费率。

第三步，是查出各种须支付的附加费。

所得的总和就是有关货物的单位运费，单位运费乘以计费重量吨或尺码吨即得该批货物的运费总额。如果是从价运费，则按规定的百分率乘以 FOB 货值即可。

三、实验环境与条件

知识准备：基本掌握企业管理、物流管理、营销管理、国际贸易、筹资决策、投资决策、会计核算等经济管理类专业的专业知识；从直接或间接渠道了解现实中的物流公司在制定国际运输业务计划前需要采集什么类型的信息，如何制定国际运输业务服务标准和报价，如何制定国际运输业务计划。

条件准备：《企业运作仿真综合实习教程》；已经搭建好仿真实习平台，第三方物流公司拥有一定范围的经营场所；第三方物流公司需配置 1 台电脑，并安装了 Office 办公软件，连接校园局域网与互联网；仿真实习组织管理部门配备了打印复印设备。

四、实验流程

1. 确定第三方物流公司国际运输业务计划制定前需采集的信息类型和来源，可能涉及到的主体，预计采集的难易程度；
2. 从实习的相关规则和基础数据以及生产制造公司和其他外部机构内部实际采集需要的信息；
3. 分类整理采集到的信息，识别确实真实及有应用意义的信息，为国际运输业务计划的制定打好基础；
4. 完成信息分类统计汇总表；
5. 预测当年物流业务需求总量及国际运输业务需求量，时间空间分布特点，可能涉及的主要公司或机构；
6. 结合采集到的信息和第三方物流公司的发展战略以及当年供给能力，制定第三方物流公司的国际运输业务计划；
7. 制定第三方物流公司的国际运输业务的服务标准，要有具体的指标和标准，不能太空泛；
8. 提交国际运输业务计划及国际运输服务标准，待指导老师修改后确定；
9. 对运输业务进行实际报价并在仿真市场公布相关信息；
10. 上传业务计划到第三方物流公司的博客平台，做好计划的存档工作。

五、实验成果与评价

根据本实习项目完成情况及提交实习结果的及时性等综合考核与评价。
1. 信息分类统计汇总表（占20%）；
2. 采集信息的过程控制（占20%）；
3. 国际运输业务服务标准（占15%）；
4. 国际运输报价单（占15%）；
5. 年度国际运输业务计划（占30%）。

第三节 仿真物流企业的国际班轮货运业务管理

一、实验内容

第三方物流公司与其他所有需要国际运输服务的企业和机构在物流公司办公地点进行谈判，从各自利润最大化或成本最小化出发，签订国际运输服务合同。

物流公司根据一段时间内的货运订单情况提出相应的整体运输方案。随后，通过抽签方式体现合同执行的具体情况，尽量与现实情况相符。

二、相关知识提示

（一）班轮进出口程序

揽货接单——理单制单——订舱及订舱处理——办理货物保险——提取空箱——货物报验与报关——货物装箱——货物的交接与签收——装船——完船信息通告及缮制提单——付费取单——处理装船后有关事宜——业务归档等环节。

（二）进出口主要货运单证

1. 订舱单。
2. 装箱单。
3. 码头收据（场站收据、港站收据）。
4. 集装箱提单。
5. 设备收据（设备交接单）。

（三）整箱货（Full Container Load，FCL）

拼箱货的相对用语。由发货人负责装箱、计数、积载并加铅封的货运。整箱货的拆箱，一般由收货人办理，指但也可以委托承运人在货运站拆箱。可是承运人不负责箱内的货损、货差。除非货方举证确属承运人责任事故的损害，承运人才负责赔偿。承运人对整箱货，以箱为交接单位。只要集装箱外表与收箱时相似和铅封完整，承运人就完成了承运责任。整箱货运提单上，要加上"委托人装箱、计数并加铅封"的条款。

（四）拼箱货（Less than Container Load，LCL）

整箱货的相对用语，指装不满一整箱的小票货物。这种货物，通常是由承运人分别揽货并在集装箱货运站或内陆站集中，而后将两票或两票以上的货物拼装在一个集装箱内，同样要在目的地的集装箱货运站或内陆站拆箱分别交货。对于这种货物，承运人要负担装箱与拆箱作业，装拆箱费用仍向货方收取。承运人对拼箱货的责任，基本上与传统杂货运输相同。

三、实验环境与条件

知识准备：基本掌握国际贸易、企业管理、物流管理、营销管理、筹资决策、投资决策、会计核算等经济管理类专业的专业知识；从直接或间接渠道了解现实中的物流公司是如何执行国际运输合同并解决其中的问题。

条件准备：《企业运作仿真综合实习教程》；已经搭建好仿真实习平台，第三方物流公司拥有一定范围的经营场所；第三方物流公司需配置1台电脑，并安装了 Office 办公软件，连接校园局域网与互联网；仿真实习组织管理部门配备了打印复印设备；抽签条。

四、实验流程

1. 按国际运输方案安排运输资源，执行运输任务；
2. 第三方物流公司在经营地点与所有需要物流相关服务的公司或机构签订合同或协议后，让其抽签；
3. 抽签决定准时率、破损率等合同执行情况指标；
4. 按准时率、破损率的不同，第三方物流公司对相关客户做出解释和赔偿；
5. 进行国际运输结算；
6. 第三方物流公司对合同执行情况进行分类统计汇总。

五、实验成果与评价

根据本实习项目完成情况及提交实习结果的及时性等综合考核与评价。
1. 国际运输业务完成情况（占30%）；
2. 国际运输结算情况（占30%）；
3. 合同执行情况统计分析（占40%）。

第四节 仿真出口货物通关

一、实验内容

与有需要的制造商签订委托代理报关协议，负责出口货物通关的顺利完成。

二、相关知识提示

（一）通关的含义

通关是指进出境货物的收发货人及其代理人、进出境货物的所有人以及进出境运输工具的负责人向海关办理进出口手续，海关对其呈报的有关进出境单证和申请进出境的货物、运输工具和物品依法进行审核、查验、征缴税费、批准进出口的全过程。

根据《中华人民共和国海关法》第八条的规定，进出境运输工具、货物、物品必须通过设立海关的地点进境或出境。在特殊情况下，需要经过未设立海关的地点进境或者出境的，必须经国务院或者国务院授权的机关批准。

（二）报关期限

进出口货物的报关期限在《海关法》中有明确的规定，而且出口货物报关期限与进口货物报关期限是不同的。

出口货物报关期限

出口货物的发货人或其代理人除海关特许外，应当在装货的24小时以前向海关申报。做出这样的规定是为了在装货前给海关以充足的查验货物的时间，以保证海关工作的正常进行。

进口货物报关期限

进口货物的收货人或其代理人应当自载运该货的运输工具申报进境之日起14天内向海关办理进口货物的通关申报手续。进口货物的收货人自运输工具申报进境之日起超过3个月未向海关申报的，其进口货物由海关提取变卖处理。

（三）报关单证

进口货物报关单：每份报关单限填报四项货物。

出口货物报关单：报关单位应在3天内向海关办理更正手续。

随报关单交验的货运单据：海运进口提货单、陆、空运运单。

随报关单交验的商业单据：①出口装货单（需报关单位盖章）；②货物的发票（需报关单位盖章等）；③货物的装箱单（需报关单位盖章）；④贸易合同；⑤产地证明；⑥减、免税证明文件；⑦进（出）口货物许可证；⑧出入境检验检疫局签发的"入境货物通关单"或"出境货物通关单"；⑨特定的进出口货物批准单证；⑩出口收汇核销单。

（四）进出口货物通关程序

申报——查验——征税——放行——结关。

（五）关税

关税是国家税收的重要组成部分，征收关税是海关的基本任务之一。

1. 关税的征税对象。关税的征税对象是进出我国国境的货物和物品。

货物是指贸易性商品。

物品包括入境旅客随身携带的行李和物品、个人邮递物品、各种运输工具上的服务人员携带进口的自用物品、馈赠物品以及其他方式进入我国国境的个人物品。

2. 关税的计征方法。

（1）从价税。从价税是以进口货物的完税价格作为计税依据，以应征税额占货物完税价格的百分比作为税率，货物进口时，以此税率和实际进口货物完税价格来计算应征税额。

优点：能合理分担税赋，做到质优价高税高，质劣价低税低。

缺点：计征关税的手续较为繁杂。

（2）从量税。从量税是以进口商品的数量、重量、体积、容积等计量单位为计税基准的一种计征关税的方法。

优点：计征方法简便，每一种进口商品的单位应税额固定。

缺点：由于因税额固定，物价涨落时税额不能相应变化，关税的调控作用相对减弱。

（3）复合税。复合税是对某种进口商品混合使用从价税和从量税的一种计征关税的方法。采用复合税的计征方法，它具有较大的灵活性，对某种商品可以同时征收一定数额的从价税和从量税，或对低于某一价格进口的商品只按从价税计征关税，高于这一价格，则混合使用从价税和从量税等。

复合税具有既可发挥从量税抑制低价进口商品的特点，又可发挥从价税税负合理、稳定的特点。

3. 关税的纳税义务人。根据我国进出口关税条例的规定，进口货物的收货人、出口货物的发货人，是关税的纳税义务人。

4. 关税税则、税目和税率。关税税则是根据国家关税政策和经济政策，通过一定的国家立法程序制定公布实施的，对进出口的应税和免税商品加以系统分类的一览表。

商品分类是海关税则的基础。海关合作理事会于1985年制定了适合于国际贸易有关各个方面需要的标准国际贸易商品分类体系，即《商品名称及编码协调制度》（简称 H·S）。H·S 将所有商品分为21大类，97章，由5019组税目构成，并包括归类总规则、类注释、章注释、目和子目注释、商品子目索引及归类意见汇编。

我国以 H·S 为基础，并结合我国进出口商品的实际，于1992年编排并公布了新的《海关进出口税则》，该税则把全部应税商品共分为21大类。

我国关税税率，是根据促进和保护国内生产，调节对外经济往来和为国家经济建设积累资金等项基本政策来制定的。

5. 完税价格的审定。海关在征收关税时必须确定一个计征关税的价格，也就是经海关审定作为计征关税依据的完税价格。

完税价格也可以理解为应税价格。根据《中华人民共和国海关审定进出口货物完税价格办法》中的规定："海关以进出口货物的实际成交价格为基础审定完税价格，实际成交价格是一般贸易项下进口或出口货物的买方为购买该项货物向卖方实际支付或应当支付的价格"。因此，完税价格是指经海关审定的在一般贸易项下买卖双方实际成交的价格。

三、实验环境与条件

知识准备：基本掌握国际贸易、企业管理、物流管理、营销管理、筹资决策、投资决策、会计核算等经济管理类专业的专业知识；从直接或间接渠道了解现实中的物流公司是如何进行物流业务计划执行情况分析与总结的。

条件准备：《企业运作仿真综合实习教程》；已经搭建好仿真实习平台，第三方物流公司拥有一定范围的经营场所；第三方物流公司需配置1台电脑，并安装了Office办公软件，连接校园局域网与互联网；仿真实习组织管理部门配备了打印复印设备。

四、实验流程

1. 与有需要的制造商签订委托代理报关协议；
2. 代理报关；
3. 代理费用结算。

五、实验成果与评价

1. 代理报关协议（占50%）；
2. 代理费用结算表（占50%）。

第五节 仿真物流企业国际物流业务实验案例

枫丹国际物流公司代理报关业务

报关是连结进出口企业与海关之间的纽带，是沟通国内企业与海外市场的桥梁。随着中国加入WTO、三资企业的增多和进出口贸易的频繁，社会上需要越来越多的报关业务提供者。在报刊上林林总总的招聘广告中，报关员总是急需人才，而每年一次的资格考试，就成了学历低、求职难的专科生们找高薪职业的捷径。企业进口的原材料、出口的产成品、三来一补的业务监管，都离不开报关与海关打交道，可以说报关的工作好坏在很大程度上决定着企业的兴衰。

报关部的工作就是代表企业向海关办理进出口货物报关、纳税等海关事务。凡是进出中华人民共和国关境的运输工具（轮船、汽车、飞机等）、货物、物品（邮递或进出境时个人携带的）都要受中国海关的监督管理，海关实施监管的方式一般有备案、审单、查验、放行、后续管理等，此外海关对进出境活动的运输工具、货物、物品还要执行或监督执行国家其他对外贸易管理制度的实施,比如进出口许可证制度、外汇管理制度、进出口商品检验、检疫制度、文物管理制度等等。不同的进出口货物需要向海关提供不同的文件,并按海关的相应规章履行相应的手续。报关部的主要工作就是要根据国家的法律法规、海关的办事程序判断某些货物需要何种手续并准备相关文件、按要求制作报关单等并向海关申报,还要配合海关查验、缴纳相关税费等。我们公司的报关业务除了承担向海关报关的工作外还承担在商品检验检疫局办理商品检验检疫手续、向国家外汇管理局办理外汇核销手续、向外经贸管理部门办理相应的审批手续等。

  枫丹国际物流公司设立了代理报关部,主要是围绕满足客户的货物出口需要,代理报关将协调各个环节的工作,力求为客户提供优质快捷的代理报关业务,制定代理报关的流程;准备好代理报关的各项表格;做好代理报关的市场预测:主要是根据生产制造企业的市场开发的有关计划和数据去进行预测;和有关的审核部门做好前期的沟通工作。在校内仿真实习中,只有制造公司开发了国际市场,才会要第三方物流公司代理报关,而第一第二年,制造公司只是开发了本地市场和国内市场,只是在第三年公司才接到两单的代理报关服务。流程是:客户先签订合同委托我们公司代理报关,报检,我们再依据合同内容,签发报关单,按照每次结算费用。因为报关单上涉及的是英文的报关单,所以如果我们物流管理专业的人员要发展国际物流这一方面,优秀的英文是非常必要的。除了报关合同是每单结算外,根据我们的合同,特别是后期我们改为与每家公司签订了一年的委托运输合同,我们的费用是按照季度来结算,这样一来,我们的顾客就稳定下来,可以实行有效的大客户营销策略,重点关注大客户。

第三篇

內外控制篇

第八章 仿真物流企业的内部运营管理

第一节 仿真物流企业合同管理

一、实验内容

合同管理体现在整体实验中的不同环节。第三方物流公司在与物流服务需求方建立物流服务关系时,都应该签订相应的服务合同,包括运输合同、仓储合同、代理报关合同(协议)等,并在业务执行过程中进行严格的监督。如发生违背合同的行为,应及时与客户取得联系,进行解释和商量赔偿等事宜。通过接洽物流业务并与各类型物流客户签订服务合同,理解服务合同的重要性,掌握接洽物流业务的方法,掌握签订服务合同的方法和技巧。通过仿真执行物流服务合同,体会物流服务合同执行的难点,试解决合同执行中出现的问题,体会客户关系处理的关键以及具体方法。

二、相关知识提示

合同管理的优劣,直接关系到企业的经营管理业务,是物流企业运营管理的关键。所以,物流企业必须加强合同管理,确保合同的严肃性和法律的权威性。

(一)物流服务合同特点

物流服务合同特点表现在以下几个方面:

1. 是双务合同。现代物流服务合同的双方均负有义务,享有权利;服务商有完成规定服务的义务和收取相应费用的权利;用户方有支付费用的义务,并接受完善服务,一旦出现服务瑕疵(如在运输过程中出现货物损害),有向服务商索赔的权利。

2. 是有偿合同。物流服务商以完成全部服务为代价取得收取报酬的权利,而用户方有享受完善服务的权利并以支付费用为代价。

3. 是要式合同。物流单据是物流服务合同的证明,其本身不是服务合同。

4. 有约束第三者的性质。物流服务合同的双方是服务商与用户方,而收货方有时并没有参加合同签订,但服务商应向作为第三者的收货方交付货物。收货方可直接取得合同规定的利益,并自动受合同的约束。

(二)物流服务合同的建立、修改、中止与跟踪

做好物流合同的管理工作,必须按以下不同阶段来进行。

1. 建立合同物流服务。要求物流需求企业与物流供应商经过协商后,签订一份购买物流服务与销售物流服务的合同,在双方认可的情况下,此合同将作为正式文件。合同中应包含的内容有:

(1) 购买物流服务的需求方和销售物流服务方的公司名称;

(2) 物流服务内容;

(3) 物流服务时间(合同起止时间);

(4) 涉及物品数量;

(5) 服务收费,付款方法及时间;

(6) 服务要求(质量、包装、验收方法等);

(7) 服务方法(工具、交货方式);

(8) 违约经济责任及处理。

以上基本内容必须详细且具体。实践表明,如果一家公司想从外包中获得最大限度的利益,恰当的合同结构和措辞是至关重要的。调查表明,7%的被调查者认为措辞拙劣的合同是物流外包问题产生的主要原因。

2. 合同修改与中止。合同签订之后,在执行期间,由于各种因素的影响,合同有可能需要修改或者中止,签约双方可以根据实际需要及适当理由通过协商进行修改或中止。一宗成功的物流外包交易,服务提供商与消费者之间的关系范围必须要反映交易中的实际情况。由于公司起初设计的服务需求可能和三年以后消费者的要求截然不同,考虑到对合同灵活性的要求,为发展中的关系提供一个有效体制的结构框架是必要的,但不限定合同的服务范围和如何提供服务也是同等重要的,因为这样可以防止一家公司得到全部的关系利益。另外,一个长期的外包合同本身就具有自身的不确定性,因为它旨在确定一个长期的关系,这种关系会随着消费者的服务需求而不可避免地发展和变化。合同需要适应这样的不确定性,但是在不确定性发生之前,消费者和提供商必须保证他们都理解合同中涉及的目标和目的。这种共同的理解取决于一种真正伙伴关系的形成,而这种关系的形成是建立在风险和报酬之间的良好平衡的基础上。

3. 合同执行及跟踪。在合同执行过程中,必须注意对合同执行情况进行跟踪,以便随时掌握合同执行是否顺利,遇到哪些困难,已执行的有哪些,尚未执行的又有多少,在时间进度上是否符合要求,付款情况如何等等,做到发现问题,及时解决,更好地为客户服务。

如果用计算机来处理合同信息，将会对合同管理有很大的帮助。将一份合同信息录入计算机之后，计算机内就建立了一份合同档案，当需要修改或中止合同时，只需将合同档案调出，录入修改或终止的内容来替代原有合同的内容即可，也可以按照需要保留被修改和中止内容的合同版本，以供以后查询。计算机在处理合同执行及跟踪业务方面更是得心应手，它可以按合同号或客户的各种信息查找检索合同，了解合同的执行步骤及进度。

（三）国外第三方物流服务的合同范本

这里介绍的合同范本是以美国物流服务环境为背景的，尽管我们与美国有不同的背景，但它是根据第三方物流发展过程中，在物流服务提供者与使用者经常遇到的一些问题的基础上总结发展而得出的一个经验性总结。因此，它对我国物流公司在签订合同时具有一定的参考价值，尤其是对外资企业在谈判物流服务合作时，将会起到一定的参考与借鉴作用。

一般说来，物流公司可以结合当地的法律与竞争环境，顾客的要求等因素，提供物流服务的种类，并在实际签订合同时，参考应用有关条款。范本中的有关条款，也可以相应地结合到物流公司的商务原则中去，形成物流公司的标准做法。

工商企业与物流服务提供者建立合作关系的动因一般包括：资产利用率、资金问题、长期业务增长、市场全球化及其他与物流提供者分享有关的利益。有时，当公司外协其物流过程时，要求物流公司购买资产、雇用长期劳动力、承担设备租赁等。物流提供者的服务承诺，常常要付出很高的代价，可能对其财务平衡产生很大的影响。因此，物流服务提供者一般坚持要求签订长期合同，以规避风险。相反，要求外协物流过程的公司，需要确保在第三方物流提供者不能提供它所期望的服务标准时，合同可以被终止，以便选择别的第三方物流提供者。所以，每项物流合同的签订，都具有以下两条对立的原则：

（1）物流服务提供者的投资摊提与回收。

（2）客户（物流服务的使用者）选择是否中断物流服务关系。

物流服务使用者希望必要时能够立即中止合同与物流服务提供者希望投资能够得到摊提与回收是相互对立的。下面的合同范本把这两个对立面融合起来。这个范本是实际中常用的合同，此合同的重点是与仓储有关的服务，根据实际情况，可以加入与删除相应内容。使用下面的合同格式可以大大地减少达成合同的时间与费用。

第三方物流服务合同范本：

本协议在＿＿＿＿物流公司（在此称为第三方）与＿＿＿＿公司（在此称为客户）之间于＿＿＿年＿＿＿月＿＿＿日在＿＿＿＿地生效。

1. 服务、支付和期限。

第三方将履行在"业务范围"所规定的服务，费用支付与价目表中所定的服务费用一致。如果在合同下提供的物流服务的货币价值（在其中任何一个月内）比价目表提出的每月最小额要少，客户需支付不小于最小额的费用。

除非任何一方根据8（1）条款提出书面终止通知，合同期限自____日（起始日期）起3年，然后自动延期1年（续定条款）。合同的起始条款与续定条款终止日期前的60天，双方将重新洽谈下一个延期合同的物流、仓储费。

2. 运送。

（1）货物运送以第三方作为指定收货人。客户可不以第三方作为指定收货人来运送货物；第三方也有权利自由地拒绝或接受以第三方作为指定收货人的货物。如果第三方接受以第三方作为指定收货人货物，客户在得到第三方通知后，应立即书面通知承运人，副本一份送给第三方，说明第三方对上述财产没有受益权或利益关系。

（2）不符合规定的货物。客户不把不符合下列条件的货物运送到第三方：①与货物清单中规定的不一致；②与每一批货物的包装标记不一致。第三方有权利拒绝或接受任何不符合规定的货物。如果第三方接受了这种货物，客户应支付价目表中所规定的费用，若价目表中没有规定，则支付合理的费用。第三方一收到这些不符合规定的货物，将尽快通知客户，以获得有关指令，第三方不负责由于口头传递所造成的失误。

3. 仓储的提供。由第三方配送的所有货物都必须恰当地标记和包装，然后送到仓库以便配送。客户在送货前，准备好符合"业务范围"货单。双方同意第三方根据协议规定的价格，储存和搬运其他货物。

4. 送货要求。

（1）没有客户准确的书面要求，第三方不运送或转运货物。然而也可以根据电话发送货物，但是第三方不承担口头传递信息而造成失误的责任。

（2）客户要求从仓库中提货，必须给第三方合理的提货期限。如果因为天灾、战争、公敌、罢工、扣押、骚乱等，或者第三方不能控制的任何理由，或者因为不由第三方责任而造成货物的损失或损坏，或者因为法律所提供的任何其他理由，那么第三方不承担这种过失的责任。如果执行过程中发生了某一事件或困难，客户与第三方应同意适当地延期。

5. 额外服务（特殊服务）。

（1）不属于通常物流服务（即"业务范围"内）的服务所需的第三方劳动力，按第三方的通常费用标准收取额外的合理费用。

（2）客户所需要的特殊服务包括编制特定的存货报表、标出的重量及包装上的系列数字或其他数据、货物的物理检验和物流运送清单等，但不仅限于这些服务，这些服务按第三方的通常费用标准承担额外的合理费用。

（3）为客户提供材料、包装材料或其他特殊材料，按第三方的通常费用标准承担额外的合理费用。

（4）由于事先安排，不在正常商业时间内收到或运送货物，按第三方通常费用标准，承担合理的额外费用。

（5）包括邮资、电传、电报或电话的通讯费用，如果这些方面的服务超过通常的服务标准，或者在客户的要求下，这些通讯不采用邮政的正常方式，那么上述费用向客户收取。

（6）有时第三方在没有客户书面同意的情况下，造成一些"非常"费用是必需的，客户同意支付第三方由此而产生的合理适当的费用。然而，只要可能，第三方在造成这些费用前，应从客户那里获得许可。这种许可可以是口头的，但第三方对口头传递信息所造成的失误不负责任。

6. 责任和损失限制。

（1）损失责任。客户把私人财产送到作为受托人的第三方，第三方在下列条件下同意接受这些财产：第三方对储存货物的丢失或损坏不负责任，除非这种由于第三方没有照管好而造成的丢失或损坏，对这些财产，第三方不为客户保火灾险或其他意外事故险，客户因火灾或其他事故对财产所造成的损失，第三方无法律责任。

（2）保险。对任何原因所造成的货物损失不由第三方负责保险，但第三方同意当前的保险单继续生效，该保险单阐述：在协议的期限或延期内，对放在协议中指定的第三方仓库里的别人私人财产，如果遭受丢失、毁坏或损坏，作为受托人的被保险人，由于法律上所规定的义务必须赔偿，但这些赔偿金额（在其保险范围内）由保险公司代表第三方物流公司来支付。该保险单在协议期限包括延期内，应全部生效（除去一些除外条款）。客户若需要的话，可以提供该保险单的副本。

（3）损失计算。如果第三方对客户货物的丢失或损坏负责，为了计算这种损失，货物将按它的售价的存货成本来估算。

（4）装卸。第三方对由于进货卸货或出货装货的延误而造成的逾期费负责。第三方应竭尽全力提供及时的服务。

（5）随后损失。不是由于第三方的任何行为或疏忽而造成的随后损失，第三方不负责任。

7. 义务。第三方将负责监督管理、人员配备、看门服务、物流设备、办公家具、日常安全（包括下班后锁门和启动电子安全系统）、托盘、包装材料、捆扎和房屋的保养。

8. 风险分担。有关方都认识到第三方物流公司为提供服务将做出承诺并投资。双方同意下列条款：

（1）终止。尽管无须任何理由，任何一方在90天前以书面形式通知另一方，可终止该合同。该书面通知应有终止日期。无论什么原因的终止、无论是客户或第三方或法律等作用提出终止，客户同意补偿第三方全部的未摊提的贷款或租金。即由此而造成的损失，第三方应得到相应的补偿。

（2）劳动力价格。双方承认在第1条中所提出的价格是物流服务的最低收费，是基于一定的劳动力价格的，在实际的劳动力价格超过第三方的假设时，双方应调整支付给第三方的费用与最低月费用，因此顾客应支付第三方额外的劳动力成本。

9. 参与各方的地位。

（1）参与各方达成共识：第三方对存储的货物不能被看做州的法律中规定的"仓库所有人"，并且，第三方明确表示在任何时候都不提出索赔、抵押、特免、抵消的优惠权或类似的有关对合同中所规定第三方所处理的货物的权利，货物的全部的、单一的、无疑问的权利仍属于客户。

（2）以与合同中的任何条款不冲突为前提，据此同意：第三方对于合同中所规定的货物而言，他是一受托者，第三方与客户之间的关系是受托者寄托人的关系。第三方对于完成任务所需的方法和措施，应有独立控制和自由处理的能力。他不是客户的代理或雇员。为了使第三方能完成作为该合同的受托者的任务，客户允许第三方按客户的利益，在任何适当的时间内，能独立控制并进行对货物和房产的检查。

10. 索赔通知和诉讼。

（1）所有的索赔必须在法庭宣判前，以书面形式提交。

（2）只有当这些索赔用书面形式提交，并且是在事件发生后一年内提出索赔，客户或第三方才能做出反应。

11. 口头交流。

2（2）、4（1）和5（3）小节规定了由于与客户进行口头交流后所产生的误交流的责任。在与以上各节内容无冲突的条件下，客户同意用书面形式在发生口头交流24小时内，对这些口头交流内容进行确认。第三方收到这些书面确认后，再也无权依靠自己对口头交流的理解行事，而应按书面确认的情况为准。但是，在第三方收到口头交流确认前，第三方不必对据于口头交流内容所发生的行为负责。

12. 仓库。用于服务活动的仓库应为一定的房产，位于_____，"房产"由第三方租赁，规定＿＿＿年，自＿＿＿年开始。当由于某些原因要中止该合同时，客户应承担该中止后的租赁，因而，客户应单独承担租赁中承租人的法律责任，而第三方不应承担所有这些责任：即包括但不限于必须付的租金或其他任何款项。一旦合同中止，第三方应向客户移交其在所有租赁改进中所获得的利益。

13. 转让。不得到客户书面同意，第三方不能转让、转送、抵押或让渡这一合同或合同的任何一部分，或与合同有关的任何权利。上述书面同意是不能随便收回的。注意，在这一转让条款规定中，并不排除第三方向持有股份的或控股的公司或主要持股人转让利益。这些利益的转让或转送不需要客户同意。

14. 授权。在合同上签名的工作人员、代理或雇员声明并保证完成所有必需的工作，他们有权使各自的组织受到法律保护。

15. 违约。下列情况被认为是第三方违约：
（1）如第三方在执行或遵守合同条款时，有实质性的违约。
（2）如果第三方向法院提出自愿破产的申请，或被法院宣布破产或资不抵债，或为债主的利益进行转让，寻求或同意对所有资产任命第三方的接收人或清算人。如果第三方收到这一书面违约通知单后30天，违约还在继续，这种情况下，客户有权中止合同，它满足第8（1）节中所述的终止付费的规定。与前述无冲突的情况下，第三方在收到这一违约通知后有30天时间来消除、纠正他的违约行为。

16. 继任者和受让人。该合同应对各方的继任者和受让人具有法律效应。

17. 说明。在限定为条款的实际业务范围，说明仅供参考。

18. 所适用的法律。该合同应根据＿＿＿＿＿＿州的法律执行。

19. 修改至最终完成合同。除了各方签名的书面协议外，这一合同不能以口头或其他任何方式改变、修改、作废或丢弃，或终止。书面意见包括完整的协议，是双方签注的，而不能由别人代表，无论是书面还是口头的都不行。

三、实验环境与条件

知识准备：基本掌握企业管理、物流管理、营销管理、筹资决策、投资决策、会计核算等经济管理类专业的专业知识；从直接或间接渠道了解现实中的物流公司是如何进行合同管理的。

条件准备：《企业运作仿真综合实习教程》；已经搭建好仿真实习平台，第三方物流公司拥有一定范围的经营场所；第三方物流公司需配置1台电脑，并安装了Office办公软件，连接校园局域网与互联网；仿真实习组织管理部门配备了打印复印设备。

四、实验流程

签订合同——执行合同——监督与评价
体现在运输、仓储、国际物流等具体实验环节中。

五、实验成果与评价

在运输、仓储、国际物流等具体实验环节中进行评价。

六、实验案例

仓储租赁合同   合同编号：

仓储租赁方（以下简称甲方）：
仓储出租方（以下简称乙方）：枫丹国际物流有限责任公司

依据《中华人民共和国合同法》及相关法律法规的规定，本着自愿、公平、诚实信用的原则，就甲方委托乙方办理其商品（不含危险品）的仓储保管业务协商一致，达成下列条款双方共同遵照执行。

一、委托业务范围：甲方委托乙方储存保管如下物资。双方明确本货物的所有权属于甲方，乙方按合同规定代为储存和保管，并承担相应的法律责任。

货物编号	货物名称	数量	单价	货物总价	其他

二、货物验收。本货物的正常验收项目包括产品的品名、产品代码、规格、数量、外包装状况、生产日期，以及无须开箱即可分辨的质量情况（如明显的箱内短少）。乙方接受商品时，应立即和甲方委托的承运人进行交接并同时进行验收，按照《操作指令》核对实际数量，品种、规格、生产日期是否与货单相符。

三、双方责任：(1) 乙方应按照第二条规定对入库货物进行验收，乙方验收后发生的货损、货差，乙方应实际损失的货物价值进行赔偿。(2) 乙方对入库货物发现有变质和损坏的，应当即时通知甲方；如果损失危及其他货物的安全和正常保管的应当及时做出必要和适当的处置，并在事后通知甲方。(3) 乙方应按照甲方要求提供仓库管理的数据报表和信息反馈；甲方保证本货物的性质是安全的，不会危及仓库自身的安全；甲方应按照合同约定，及时与乙方进行结算。

四、计费标准　＄_____元/100单位/月

甲方租赁乙方仓库时间从_____年_____月_____日到_____年_____月_____日共_____月，总价为 ＄_____美元。

五、费用结算　甲方从合同生效日期开始，_____把合同规定的相关款项及时支付给乙方。

六、争议的解决　对于本合同履行过程中发生的当事人之间的纠纷，双方应本着友好协商的原则共同协商解决；当协商不能解决时，应提请_____仲裁委员会仲裁。

七、合同的有效期　本合同的有效期自_____年_____月_____日至_____年_____月_____日，合同期满，即本合同失效。

本协议一式贰份，甲乙双方各执一份，均具有同等法律效力。

甲　方：	乙　方：
法定人签字：	法定人签字：
法定地址：	法定地址：
单位公章：	单位公章：
银行账号：	银行账号：
开户行：	开户行：
日期：	日期：

第二节　仿真物流企业设施设备管理

一、实验内容

通过相关成本管理实现对设施设备的管理。

二、相关知识提示

（一）现代物流企业设施与设备的概念及其分类

现代物流企业设施与设备，是指企业在进行物流作业活动、实现物流功能过程中所使用的各种设施与装备的总称。它是现代物流企业实现经营目标和生产计划的技术保障和物质基础。

现代物流企业的设施与设备状况不仅直接影响企业为物流需求者提供的物流量、物流服务质量及作业效率，而且影响现代物流企业的物流成本、物流速度、安全生产及物流作业的生产秩序。因此，设施与设备状况的好坏，对现代物流企业的生存与发展都有着重大影响。搞好现代物流企业的设施与设备管理，对提高

现代物流企业的管理水平和经济效益也有着十分重要的意义。

现代物流企业为满足客户不同的物流需求，完成各种物流活动，需要种类繁多的设施与设备。

1. 按物流设施与设备具备的功能分。

起重设施与设备——包括各式起重机、装卸桥、绞车、千斤顶、堆垛机、升降机等；

装卸设施与设备——包括各式叉车、单斗车、牵引车、平板车、搬运车及站台、码头、货场等；

输送设施与设备——包括带式输送机、链式输送机、斗式提升机、辊道式输送机、气力输送机等；

物流专用机械设备——包括装船机、卸船机、取料机、堆料机、码垛机、集装箱牵引车、集装箱吊具等；

储存保管设施与设备——包括库房、货场、货架、货箱与托盆、巷道式堆垛机、分拣设施、制冷设备及电子信息设备等。

2. 按设施与设备实现的物流功能分。

存储保管设施与设备——包括仓库库房、货架、托盆、托盆搬运车、叉车、提升机、温控与制冷设备等；

运输与配送设施与设备——包括各式运输工具、装卸机具、自动化分拣设备、叉车、吊车、光电识读设备等；

物流加工与包装设施与设备——包括保鲜防腐加工设备、防潮防锈加工设备、剪切改制加工设施与设备、冷冻加工设备、商品捆扎包装设备等；

物流信息管理设施与设备——包括条码扫描器、电子数据交换设备、货物跟踪设备、物流监控设备等。

（二）设施与设备管理的任务

现代物流企业的设施与设备管理是指为使物流设施与设备在整个寿命周期的费用达到最经济的程度，对其从选择、使用、养护、修理直到报废为止所开展的一系列管理工作的总称。其目的是使物流活动过程中的设施与设备经常处于最佳状态，使其作业效率最高，支付的费用最低，把现代物流企业的物流作业活动建立在最佳的物质基础之上。

现代物流企业的基本任务，就是通过一系列技术、经济、组织措施，充分发挥设施与设备的效能，减少设备闲置，避免资源浪费，降低物流损失，提高物流的效率和效益。具体任务主要包括以下几个方面：

（1）根据技术先进、经济合理原则，正确选择物流设施与设备，为企业物流活动提供最优的技术装备。

（2）要针对各种设施与设备的特点，合理使用、精心维护，并建立健全有关正确使用和维护物流设施与设备的规章制度和管理制度。

（3）在节省设施与设备管理费用和维修费用的条件下，保证企业的设施与设备始终处于良好的技术状态。

（4）做好现有设施与设备的挖潜、革新、改造和更新工作，提高物流设施与设备的现代化水平。

（5）认真做好现代物流企业设施与设备的日常管理工作。

（三）设施与设备管理的内容

物流设施与设备管理的内容是指对设施与设备运行全过程的管理。物流设施与设备在现代物流企业的经营活动过程中，表现为两种运动形态：一是物流设施与设备的物质运动形态，即从设施与设备的选购、安装调试、日常使用、维护保养到设施与设备的改造、更新、报废等；二是物流设施与设备的价值运动形态，包括物流设施与设备最初投资、折旧费、维护修理费用及更新改造资金的提取与支出等。物流设施与设备管理则是对上述两种运动形态的全过程管理。我们把前者称为设施与设备的技术管理，把后者称为设施与设备的经济管理。其具体内容如下：

（1）根据设施与设备的生产效率、投资效果及配套性和可靠性，正确选择技术上先进、经济上合理、生产上适用的设施与设备。

（2）根据设施与设备的性能、使用要求，并结合企业物流作业计划，合理使用设施与设备，提高物流设施与设备的利用率。

（3）及时、经常地做好设施与设备的维护保养工作，提高设施与设备的完好率，延长设施与设备的寿命。

（4）制定并认真贯彻执行合理的设备预防修理制度。

（5）做好设备的验收、登记、保管、调拨、报废等日常管理工作。

（6）有计划、有步骤、有重点地进行设施与设备的改造和更新工作。

三、实验环境与条件

知识准备：基本掌握企业管理、物流管理、营销管理、筹资决策、投资决策、会计核算等经济管理类专业的专业知识；从直接或间接渠道了解现实中的物流公司是如何进行物流设施设备管理的。

条件准备：《企业运作仿真综合实习教程》；已经搭建好仿真实习平台，第三方物流公司拥有一定范围的经营场所；第三方物流公司需配置1台电脑，并安装了Office办公软件，连接校园局域网与互联网；仿真实习组织管理部门配备了打印复印设备。

四、实验流程

受仿真环境及相关资料的限制,在实习中只要求考虑设施与设备的经济管理,即物流设施与设备最初投资、折旧费、维护修理费用及更新改造资金的提取与支出等,具体流程体现在第十章的仿真物流企业财务管理中。但在现实运作中,第三方物流公司应考虑此节的全部内容。

第三节 仿真物流企业风险管理

一、实验内容

通过在实习中考虑公司的经营风险和投资风险,培养学生的风险管理意识,增强学生的心理承受能力。

二、相关知识提示

(一)风险与风险分类

1. 风险。风险是指不希望发生的事件发生的可能性和所有可能的后果。它涉及两方面的因素:事件发生的可能性和实际发生的后果。所以风险可以抽象地描述为一个关于可能性和后果的函数:

风险 = f(可能性,后果)

风险与可能性和后果呈正相关关系,即可能性和后果的严重性越大,风险就越大。

2. 风险的分类。从不同的角度可以得出不同的风险分类。

(1) 纯粹风险与投机风险。不能带来机会,无获得利益可能的风险叫纯粹风险。纯粹风险造成的损失是绝对的损失。既可能带来机会、获得利益,又隐含威胁、造成损失的风险叫投机风险。投机风险有三种可能的后果:造成损失、不造成损失、获得利益。

(2) 可接受风险与不可接受风险。可接受风险指虽然出现一些意外情况或事件,但其影响程度还是可以承受的,或者说还不至于对企业经营产生不可忍受的结果。例如,某物流企业一名从事基层操作的员工离去,企业人力资源部可以在很短时间内找到替代者或弥补方式,因此该风险是可以接受的。

不可接受风险,其风险的发生会直接造成企业较大的损失或对企业经营产生严重的影响。例如,物流企业的负责大客户物流项目实施的项目经理,因某种原因辞职离去时,会造成客户物流项目的延误,表现为不可接受的风险。

（3）积极的风险与消极的风险。积极的风险指对企业经营活动具有促进作用；而消极的风险则会对企业经营活动产生阻碍作用，纯粹风险都是消极风险。风险管理的主要对象是消极风险。

（4）内部风险与外部风险。内部风险是指源于企业内部的固有的风险，即企业领导人可以通过采取直接措施控制并减少的风险。

外部风险，是指在企业领导人控制能力之外的那些风险。如政策法规的变化、市场条件的变化、与客户关系破裂等。由于企业领导人不能对此类风险进行直接控制，故外部（风险）事件的预防以及妥善处理的难度很大。

（二）风险管理的概念与分类

风险管理是指企业采取预防或补救措施，用最经济合理的方法来有效预防和处理各种风险的管理体系。风险管理是与其他经营管理形式相互交叉的边缘管理学科，它的许多内容可以包含于其他企业活动中，风险管理把对企业活动中的各种风险的管理加以突出和汇总，形成了一套新的管理体系，有利于加强企业的抗风险意识和对各种风险因素的有效控制与管理。

风险管理按不同的标准可以有多种分类形式。

如按风险发生原因，分为自然风险管理和社会风险管理；

按风险发生于企业经营活动的不同过程，可分为经营风险管理、生产技术风险管理、投资风险管理、筹资风险管理、汇兑风险管理等；

按照物流服务的供需主体划分，又可以分为物流需求方风险管理和物流供给方风险管理。

现代市场经济中的不确定因素越来越多，由风险带来的损失也越来越大。因此，风险管理已成为企业管理中既与其他活动密切联系又相对独立的一个重要的组成部分。

（三）风险管理的内容

物流企业的风险管理涉及到企业运营的各个方面，因此形成了一个综合的管理系统。风险管理的目的是减少各种风险因素的负面影响，保持企业的长期盈利能力。为达到上述目的，物流企业必须根据自身的具体情况全面周详地了解各种风险的发生原因和可能造成的损失程度，经济合理地安排风险管理计划，选择风险预防和处理的方式。

物流企业风险管理主要涉及以下内容。

（1）保护物流企业各种有形和无形资产，保持物流企业持续的获利能力。防止和消除因不确定因素和偶然风险而造成的不必要的损失，并找出不确定因素中的有利部分，进行盈利。

（2）综合分析物流企业所处的环境，有选择地投保或分散风险。对未投保又不能回避的风险给予更多的内部保护。

(3) 当风险变为经济损失时,根据风险管理计划对风险损失进行有效处理,并对风险损失加以分析,防止类似情况再度发生。

(四) 风险管理的原则

(1) 经济性原则。风险管理人员在制定风险管理计划时要以最低的总成本为总目标,即风险管理也要考虑成本。

(2) "二战"原则。"二战"原则,即战略上藐视而战术上重视的原则。要让企业员工确信,经营虽然具有一定的风险,但风险管理部门已经识别了全部不确定因素,并且已经妥善地做出了安排和处理,这是战略上藐视。而作为企业风险管理责任者,则要坚持战术上重视的原则。认真对待和严密监视每一个风险因素,确定、评估、跟踪所有的事件原因,并做好应急预案,以应对企业经营活动中出现的风险。

(3) 允许一定的不确定性。不管采用什么方法、投入多少资源,企业经营活动的不确定性是绝对的,而确定是相对的。因此,在风险管理过程中,只要能达到管理的要求即可,不一定追求最完美的结局,因为那样可能导致风险管理成本过高。

(五) 风险管理的步骤

物流企业所面临的风险是各种各样的,风险管理的具体方式也各异。但各种风险的管理过程有基本相同的模式,即风险分析、风险决策、风险处理和事后评价四个步骤。

1. 风险分析。风险分析是对可能发生意外损失的各种风险进行广泛而深入的了解、分析和评价,找出风险因素,计算出风险发生的概率、损失程度。风险分析是风险决策和处理的依据,通常要经过风险的识别、估计和评价三个阶段。

风险识别是指对可能发生的、潜在的风险进行认识和辨别,以找出各种潜在的风险及其性质。

风险估计是指对特定风险的性质、发生的可能性及可能造成的损失进行计算和确定,以确定风险发生的概率。

风险评价是对各种风险进行比较和权衡,评价风险的可能后果并提供应采取的有效措施。

风险分析过程中,关键是要确定风险发生的概率与损失程度以及对物流企业的影响程度。有些风险发生的概率虽小,但涉及损失额度巨大,物流企业可能难以承受;有的风险发生的概率虽高,但损失额度却很小;有些风险因素是人为的隐患,如果事前采取措施(如信息管理),则不难避免,甚至可以得到解决。总之,只有在全面了解风险并综合考虑各种因素的基础上,才能提出风险处理的有效方案和对策。

物流企业风险分析的范围：企业最高管理层对企业的未来发展趋势进行战略规划，分析可能出现的各类风险；由负责安全工作的人员对物资的购销储运全过程进行监控，找出可能发生风险的原因；对合同、契约、保单等从风险的角度加以校对和检查，找出风险管理的各种方式。

2. 风险决策。风险决策就是要合理有效地选择风险处理方法，使风险处理收到既合理又有效可靠的效果，主要包括根据风险分析的结果选择最佳决策方案。物流企业的风险决策过程受到多方面因素的影响，如市场环境状况、流通格局、物流技术条件、决策者的个人素质以及风险管理制度的完善程度等。应使存在的风险都有对应的处理方法，否则会出现风险损失无法得到补偿、现有风险处理方法失效、预期效果落空的局面。

风险处理方法的确定，要考虑到物流企业的具体情况。如果确认某些风险是不能消除和防止的，并由于时间和空间关系，其预计损失程度不大，即使最大的损失也可由企业本身来承担，而不致影响物流企业的正常经营，并能及时得到物资补充，这种情况就可以自保。如果风险发生后会导致物流企业损失巨大，引起企业经营困难或破产，这种风险非物流企业自身所能承担，必须采取转移风险的手段，如投保等。投保时，要注意转移风险所需的费用与转移风险所产生的期望收益之间的比例关系。

3. 风险处理。风险处理是物流企业面对风险所采取的各种预防和补救措施。预防措施是建立风险控制体系（风险控制的计划和风险基金）和转移风险。补救措施是对已发生的风险损失给予补偿，防止损失的扩大。由于风险损失成本有时可能过大，即使采用转移风险的方法，物流企业仍难以承受，因而，应更注重经营过程中的风险损失的预防。

风险处理的基本方法有规避风险、接受风险、转移风险、降低风险等。

4. 事后评价。对风险处理之后，还要对风险管理进行事后评价。事后评价是对风险管理决策等各个方面的评估。要不断地通过各种信息反馈，检查风险管理决策及其实施情况，总结经验教训，找出制度和管理的漏洞，视情况变化不断进行调整和修正，使之更接近风险管理目标，防止损失的再次出现。由于风险处理涉及物流企业活动的各个方面，它面临着极大的不定性和复杂性，所以对风险处理的评价须对物流企业活动的各个环节进行监督与评估，并将信息及时反馈到企业决策者手中，不断地实施调整，以便更有效地进行风险管理。

三、实验环境与条件

知识准备：基本掌握企业管理、物流管理、营销管理、筹资决策、投资决策、会计核算等经济管理类专业的专业知识；从直接或间接渠道了解现实中的物流公司是如何进行风险管理的。

条件准备：《企业运作仿真综合实习教程》；已经搭建好仿真实习平台，第三方物流公司拥有一定范围的经营场所；第三方物流公司需配置1台电脑，并安装了Office办公软件，连接校园局域网与互联网；仿真实习组织管理部门配备了打印复印设备。

四、实验流程

经营风险主要在运输、仓储和报关环节中体现，投资风险主要在设施设备投资环节体现。在此节中，暂不要求具体实验流程。

第四节 仿真物流企业质量管理

一、实验内容

学习质量管理的基本内容，理解物流企业质量管理的活动过程，制定物流企业的服务质量标准，为今后业务的正常开展打好基础。

二、相关知识提示

物流质量是物流活动本身固有的特性满足物流客户和其他相关要求的能力。现代物流概念，则强调质量的重要性，强调质量是决定物流活动效率和物流服务水平的关键因素。现代物流企业必须认识到物流质量直接与用户相关，从而直接影响本企业的市场占有率，低劣的质量会使顾客另寻其他合作伙伴，从而会使企业的战略发展受挫。

物流企业全面质量管理职能主要包括两个方面的内容：质量保证与质量控制。质量保证是物流企业对顾客来说的；就是要对顾客实行质量保证，就是为了维护顾客的利益，使顾客满意，并取得顾客信誉的一系列有组织、有计划的活动。质量保证是物流企业全面质量管理的核心。质量控制是对物流企业内部来说的，是为保证某一工作过程和服务的质量达到作业技术标准所采取的有关活动。质量控制的目标就是确保产品的质量能满足顾客、法律法规等方面所提出的质量要求，质量控制是测量实际的质量结果，与标准进行对比，对某些差异采取措施的调节管理过程。质量控制是质量保证的基础。

（一）物流质量管理的内容

1. 物流服务质量。企业物流活动具有服务的本质特征，既要为企业生产经营过程服务，也要为企业产品和服务的顾客提供全面的物流服务，甚至可以说整个物流的本质目标就是企业物流的服务质量。服务质量因顾客不同而要求各异，要掌握和了解顾客要求，商品狭义质量的保持程度，流通加工对商品质量的提高程度，批量及数量的满足程度，配送额度、间隔期及交货期的保证程度，配送、运输方式的满足程度，成本水平及物流费用的满足程度，相关服务（如信息提供、索赔及纠纷处理）的满足程度。

2. 商品的质量保证及改善。物流的对象是具有一定质量的实体，具有合乎要求的等级、尺寸、规格、性质、外观，这些质量是在生产过程中形成的，物流过程在于转移和保护这些质量，最后实现对顾客的质量保证。因此，对顾客的质量保证既依赖于生产，又依赖于流通。现代物流过程不单是消极地保护和转移物流对象，还可以采用流通加工等手段提高商品的质量。因此，物流过程在一定程度上说，就是商品质量的"形成过程"。

3. 物流工作质量。物流工作质量是具体体现和反映在各环节、各工序的质量，由于物流系统的庞杂，工作质量内容也十分庞杂，指的是物流各环节、各工作、各岗位具体工作的质量。为实现总的服务质量，确定具体的工作要求，以质量指标形式确定下来则为工作质量指标。这是将物流服务总的目标质量分解为各个工作岗位可以具体实现的质量，是提高服务质量所做的技术、管理、操作等方面的努力。

4. 物流工程质量。在物流过程中，物流质量影响因素可以归纳为六个方面：人的因素，包括人的知识结构、能力结构、技术熟练程度、质量意识、管理意识、个体素质、个人修养、责任心、归属感等反映人的综合素质的各项因素；体制的因素，包括企业战略、发展规划、领导方式、组织结构、工作制度等方面；设备的因素，包括物流各项装备的技术水平、设备能力、设备适用性、维修保养状况及设备配套性等；工艺方法因素，包括物流流程、设备组合及配置、工艺操作等；计量与测试因素，包括计量、测试、检查手段及方法等；环境因素，包括物流设施规模、水平、湿度、温度、粉尘、照明、噪音、卫生条件等。这六个因素在物流过程中，同时对产品质量发生影响，需要靠设计、建设、培训等方式创造条件，将这些方面的因素，统称为"工程"。显然，提供工程质量，是进行物流质量管理的基础工作，能提高工程质量，能做到"预付为主"的质量管理。

（二）物流企业质量管理的实施

面对国际化的趋势，物流管理实施质量管理迫在眉睫，而且必须要按照国际规定的质量标准去实施质量管理，主要可以从以下几个方面入手：

1. 认真学习 ISO9000:2000 标准。ISO9000:2000 标准是物流企业进行质量管理活动的指南，因此要制定科学合理的质量管理，必须先认真组织全员学习

ISO9000：2000 标准中的重点内容，因为质量战略的实施需要企业全员的共同努力，每一位员工应熟知 ISO9000：2000 标准中的重点章节，唯有这样才能真正实现全面质量管理。

2. 因地制宜制定合理的质量管理。物流企业根据自身企业不同的企业规模、资金、供销渠道来积极采纳公司全员的意见，按照 ISO9000：2000 标准的要求，根据企业各自的情况以及所处的环境，制定科学合理的质量管理措施，全面指导物流企业的质量管理活动。

3. 依据 ISO9000：2000 标准贯彻实施质量战略。质量管理的贯彻实施不能仅是文字的、空虚的，而应是实际的、有切实行动的。为了真正贯彻实行质量管理，物流企业应把质量管理实施的好坏也作为员工绩效考核的一个指标，做到全员关心质量管理工程，唯有这样，质量管理对企业利润最大化的贡献率才能实现其极值。

三、实验环境与条件

知识准备：基本掌握企业管理、物流管理、营销管理、筹资决策、投资决策、会计核算等经济管理类专业的专业知识；从直接或间接渠道了解现实中的物流公司是如何进行质量管理的。

条件准备：《企业运作仿真综合实习教程》；已经搭建好仿真实习平台，第三方物流公司拥有一定范围的经营场所；第三方物流公司需配置 1 台电脑，并安装了 Office 办公软件，连接校园局域网与互联网；仿真实习组织管理部门配备了打印复印设备。

四、实验流程

1. 制定各项物流业务的服务标准；
2. 在业务运作中执行服务标准；
3. 提交年度服务质量总结报告。

五、实验成果与评价

1. 物流服务标准（占 40%）；
2. 服务标准执行情况（占 30%）；
3. 年度服务质量总结报告（占 30%）。

六、理论思考

1. 质量管理对物流企业的重要意义何在？

2. 如何从物流企业的内外部来加强质量管理？

3. 交易前、中、后的质量管理有何特点？分别由何具体方法来对应管理？

七、实验案例

枫丹物流公司客户服务质量标准

一、主题内容与适用范围

1. 为认真贯彻"优质、方便、规范、真诚"的服务方针，充分体现枫丹物流"以客户为中心"的服务理念，规范物流服务行为，提升优质服务水平，特制定本标准。

2. 本服务标准适用于我公司 E 区所有制造商公司、供应商及客户部门等。

3. 本标准适用于本企业所属各单位。

4. 本服务标准的解释权归枫丹物流有限公司所有。

5. 本服务标准自 2008 年 1 月 1 日起执行。

二、编制依据

本标准依据国家有关部门的物流服务法律法规和政策及同类型行业的相关服务标准编制。

三、通用服务规则

1. 服务人员应严格遵守国家法律、法规及本企业规章制度。

2. 服务人员应爱岗敬业，诚实守信，恪守承诺，廉洁自律，秉公办事。

3. 服务人员应真心实意为客户着想，努力满足客户的合理要求，持续提高客户满意度及忠诚度。

4. 服务人员应遵守国家的保密规定，尊重客户的保密要求，不得泄漏客户的保密资料。

四、服务质量

1. 快捷。枫丹物流公司多年的运营经验，领先的电子商务平台及内部网络结构，创新业务交易系统，为客户提供快捷的交易服务。运输系统采用 GPS、GIS、WMS 等信息系统，保证快速地完成客户的运输服务。

2. 安全。枫丹物流公司以"安全"为首要目标，实时安全问题监控，对车辆及仓库等固定设备进行定期维修和保养，对公司司机进行严格的培训上岗制度和防止违规驾驶制度，针对货物的性质进行包装，并在运输过程中对货物进行跟踪，保证货物的质量，减少货损、货差。

3. 优质。拥有专业的技术人员和专业设备，能对客户的要求进行个性化服务，公司的服务人员都经过严格培训，保证提供让客户满意的服务。设置投诉热线，由公司高层总负责。

4. 标准专业化服务。

（1）专业的技术人员，提供全方位的物流服务。

（2）及时反馈客户意见，通过电话、实地采访等形式调查，不断反馈客户的意见，并不断改进。

（3）对运输、仓储过程中发生的问题，根据合同的规定及时进行补救或做出一定的赔偿。

5. 办理业务。前来我公司办理运输、仓储和代理报关业务，需提供详细的资料，具体见我公司出台的书面文件。

6. 友好合作。我公司秉着"做最强的物流服务商，提供客户最满意的物流服务"为宗旨，与各新旧客户保持良好的合作关系，并将提供一些增值服务，不断满足客户的需求，提高客户满意度。

第九章 物流企业营销与客户管理

仿真环境中，同一市场有若干家第三方物流企业参与竞争。为在竞争中保持优势，物流企业要不断创新营销理念和优化营销活动，以客户为核心，以市场占有率和建立客户忠诚度为导向，开展针对性营销，注重客户的保有与开发，建立长期的、双赢的客户关系。

第一节 物流企业营销管理

一、实验内容

学习物流市场营销的基本内容，理解物流营销管理的活动过程，选择适合第三方物流企业开展各项业务的营销策略，为争取更大的市场份额而努力。通过制定第三方物流企业的营销目标，对营销活动过程进行管理，更好地为其他仿真公司及管理机构服务，充分发挥第三方物流企业在仿真市场中的重要作用。

二、相关知识提示

物流企业市场营销是指为了满足客户企业物流需求，在物流活动中，经过将客户需求和相关产品细分、计划等营销服务活动后，将产品送达客户手中，同时也将产品物流中的储存、订购、运输和签收等信息反向传递给客户企业的循环活动过程。物流企业营销管理就是指物流企业为了实现营销目标，对营销活动过程进行的管理，具体包括物流市场调研与需求分析，物流市场竞争环境分析，物流市场细分与定位，物流服务产品开发与组合，物流促销与客户开发等方面。

（一）物流市场调研与需求分析

1. 物流市场调研。物流市场调研是物流企业营销管理的首要工作。通常指利用科学的方法，有目的、有系统地收集能够反映与物流企业经营有关的市场在时间上的变化状况和空间上的分布状况的信息，包括物流供需调查、调查结果的分析、物流供需预测以及综合分析研究等内容。物流调研目的是掌握物流市场的需求与供应状况及其变化规律。一项完整的调研活动，通常包括四个阶段：物流实际调查、资料整理分析、实际发展预测、综合分析处理。

2. 物流市场需求分析。物流市场需求分析是指正确了解客户的需求，实现顾客满意，提高客户的满意度，促进物流企业持续、快速、健康发展。其宏观意义主要是为社会物流活动提供物流能力供给，不断满足物流需求的依据，以保证物流服务的供给与需求之间的相对平衡，使社会物流活动保持较高的效率与效益；微观意义是基于对物流市场需求的准确把握，可以制定出科学合理的市场营销策略，合理配置企业资源，对于扩大市场范围、提高客户满意度、增加企业利润，提升企业市场竞争力具有重要作用。一般来说，物流需求特性具有时间和空间特性，不规则和规律性，独立性和派生性。

（二）物流市场竞争环境分析

物流市场竞争环境分析包括物流竞争企业的分析，物流产品的分析和物流业务需求企业分析。在仿真实习中，各个仿真物流企业的初始经营条件是一致的。对于物流产品而言，物流产品和物流企业选择的行业定位有关。在仿真实习中，仿真物流企业集中在电子行业上，既可以从事原材料的前端物流服务，又可以从事产成品的后端物流服务。对于物流业务需求企业而言，物流业务需求主要集中在制造业和商业企业。物流业务主要集中在运输和仓储上，占物流服务市场的70%以上，而其他的信息服务、资本服务、咨询服务等延伸服务占有的份额相当少。在仿真实习中，仿真物流企业的服务客户集中在电子产品制造企业。

（三）物流市场细分与定位

1. 物流市场细分。细分市场是根据需求者的需求、动机、购买行为的多元性和差异性来划分的。总体而言，物流市场细分对物流企业的资源组合和营销起着极其重要的作用，表现在：有利于选择目标市场和制定营销策略；有利于发掘市场机会，开拓新的服务市场；有利于集中人力、物力投入目标市场。物流市场细分的步骤是：选定服务市场范围，即确定进入什么行业，提供什么物流产品或物流服务；根据调研，罗列潜在客户的基本需求；了解不同潜在客户的不同要求；抽掉潜在客户的共同要求，而以特殊需求作为细分标准；根据需求差异，划分不同的需求群体；分析细分市场需求与购买行为特点；估计市场规模，包括客户数量、购买频率、每次购买数量等。

2. 物流市场定位。物流定位就是通过辨别物流客户的不同需求，突出服务的差异化，从而满足客户的需求。针对不同的目标市场及不同的物流服务项目，物流企业可以选择管理整个物流过程或者几项活动，可以用不同的市场定位的策略。各种策略对企业资金、设施、技术、人才等资源的要求是不同的，所形成的竞争力也有较大区别，具体内容见表9-1。

表 9-1　　　　　　　　　物流企业市场定位策略比较分析

市场定位策略 比较项目	服务与市场集中化策略	服务专门化策略	市场专门化策略	选择性策略	全面覆盖策略
目标市场	以一个行业为目标市场	以几个行业为目标市场	以一个行业为目标市场	有多个行业的目标市场	只要有需求，各种行业均可作为目标市场
服务功能	仅提供某项单一服务	仅提供某项单一服务	为该市场提供多项或投入较多综合物流服务	对不同的目标市场提供不同的物流服务	为不同行业提供综合物流服务
所需资源	所需资源及技能较少，专业性强，进入壁垒低	所需资源较少，专业性强，进入壁垒低	需要较多技能与人才，进入壁垒较高	需要较多技能与人才，进入壁垒较高	要求大量资源的投入，各项专业化技能要求高，进入壁垒高
竞争力	如同一市场竞争较多，无优势，相反则有较强竞争力，但过于依赖目标市场，风险较大	竞争力弱，但目标市场状况的变动所带来的风险较小	竞争力较强但受行业影响较大	竞争较强，目标市场状况带来的风险较小，但自身大量投入带来的风险较大	竞争力强，自身大量投入的风险大

（四）物流服务产品

物流服务产品包括核心服务产品与附加增值产品：

1. 物流核心服务产品。就是提供物流的几大基本功能要素，即提供仓储、运输、装卸搬运、包装、配送等服务。他们提供了空间、时间效用以及品种调剂效用。大多是与完成货物交付有关的服务，主要依靠现代物流设施、设备等硬件来完成，是资产和劳动密集型的服务，具有标准化的特征。

2. 物流附加增值服务产品。主要是根据客户的需要、为客户提供核心服务之外的服务，或者是采用超出常规方法提供的服务。创新、超常规、满足客户期望剩余的需要是物流附加服务的本质特征。因此，物流的附加服务主要是借助完善的信息系统和网络，通过发挥专业物流管理人才的经验和技能来实现的，依托的是专业物流企业的软件基础，是技术和知识密集型的服务，可以提供信息效用和风险效用。具体形式如：仓储服务基础上的服务延伸项目（原料质检、库存查询、库存补充等）；如实现物流一体化和供应链系统集成服务等。

（五）物流促销与客户开发方法

1. 根据客户所需的服务特征来划分客户群。传统意义上的市场划分基于企业自己的状况如行业、销售渠道等，然后对同一区域的客户提供相同水平的服务。这里强调根据客户的需求，决定服务方式和水平。

2. 倾听市场的需求信息。销售和营运计划必须监测整个供应链早期警报，并据此安排和调整计划。

3. 与供应商建立双赢的合作策略。与供应商相互协作可以降低整个供应链的成本。

4. 以适应供应链管理为基本标准。供应链管理是指对供应链中的物流、商流、业务流、价值流、资金流和信息流进行的计划、组织、协调与控制。物流是供应链过程的一部分，因此，发展现代物流，应适应供应链管理模式。

5. 在整个供应链领域建立信息系统。信息系统首先应该处理日常事务和电子商务，然后支持多层次的决策信息，如需求计划和资源计划。根据大部分来自企业之外的信息进行前瞻性的策略分析，同时根据客户需求和企业可获利情况，设计企业的物流网络。

6. 建立绩效考核准则。不仅仅是指局部的标准，供应链的最终验收标准是客户的满意程度。

三、实验环境与条件

知识准备：基本掌握企业管理、物流管理、营销管理、会计核算等经济管理类专业的专业知识；从直接或间接渠道了解现实中的物流公司是如何进行营销管理的。

条件准备：《企业运作仿真综合实习教程》；已经搭建好仿真实习平台，第三方物流公司拥有一定范围的经营场所；第三方物流公司需配置1台电脑，并安装了Office办公软件，连接校园局域网与互联网；仿真实习组织管理部门配备了打印复印设备。

四、实验流程

1. 明确第三方物流企业的自身内部条件；
2. 分析第三方物流企业的外部经营环境；
3. 在此基础上完成物流市场调研与需求分析报告；
4. 完成物流市场竞争环境分析报告；
5. 明确物流市场的细分状况；
6. 对企业进行物流市场定位，选择合适的定位策略；
7. 决策企业提供的物流核心服务产品和附加增值服务产品；
8. 制定物流服务产品的价格，明确物流促销的方式；
9. 执行营销各项策略；
10. 评价营销效果。

五、实验成果与评价

根据本实习项目完成情况及提交实习结果的及时性等综合考核与评价。
1. 第三方物流企业物流市场调研与需求分析报告（占15%）；
2. 第三方物流企业市场竞争环境分析报告（占15%）；
3. 第三方物流企业提供的服务产品类型和价格（占15%）；
4. 第三方物流企业提供的服务产品促销方式（占15%）；
5. 营销宣传执行情况（占20%）；
6. 营销效果评价报告（占20%）。

六、理论思考

1. 营销管理的制定对企业的重要意义是什么？
2. 营销管理执行的关键是什么？
3. 第三方物流企业在营销管理中遇到什么问题？如何解决？

七、实验案例

东方国际物流有限公司市场调研报告

调研目的：收集足够的市场信息，了解生产制造公司、客户公司以及租赁公司等对物流服务的需求状况，在维系与现有客户关系的同时更好地开发新的客户；了解竞争对手的情况，为市场预测提供客观而具体的资料依据，通过对这些资料进行系统的收集、整理、分析和处理，来制定公司的经营战略。

调研方法：在调研方法上，我们公司按照之前的惯例，主要通过人员访问的调查方法。我们派遣市场调研机构直接与客户面对面交谈以收集资料和信息。在面谈之前，我们确定了所要调查的问题，明确了问题的核心和重点，调查之前我们设计好问卷和调查提纲，询问时我们主要按照提纲的顺序进行。我们之所以选择通过人员访问这种调研方法，是因为人员访问具有很大的灵活性，拒答率较低，调查资料的质量比较好，调查对象的使用范围比较广，便于进行深度访谈，通过面对面的交流，还可以互相启发，从而可以收集到一些不曾预料到的资料和信息。

调研概况：

目前我们所在的B区主要有两个物流公司，一个是迅博，另外一个就是我们东方国际物流有限公司了，因此构成了寡头垄断竞争状态。

调查中我们发现，有个别公司并不会因为哪个公司价格更加优惠而选择那个公司的服务,而另外一个更为重要的因素是人事因素,他们宁可购买价格比较贵并且没有什么优惠的服务而去维持他们之前的伙伴关系。对于这类客户,我们要取得他们的业务并不容易,因此我们要制定更好的定价策略,更好地维系好与现有客户的关系。

目前大多数生产制造公司都会购买运输服务,因为如果是他们自己运输的话会产生更大的成本。

目前生产制造公司要更大程度地降低生产成本,因此制定优惠的运输价格将很大吸引这部分客户。

如果业务量增长的话,我们公司的人力和物力都不足,需要增加人手和物力。

调研内容:

过去七年的原材料,产成品,生产设备运输需求情况

未来三年市场需求量及其增长幅度预测

影响成本的主要参数分析

市场现状与未来三年的发展分析结论

1. 根据调查发现,目前大多数生产制造公司都会购买运输服务,因为如果是他们自己运输的话会产生更大的成本。因此,在未来三年里,我们有信心,我们将会有更好的市场。但是价格是一个很重要的因素,加上燃油价格的上涨,提价可能会给客户的生产带来不利,同时也会给我们的经营带来很大的不利,因此,虽然需求量不断增加,但是公司的盈利空间不大。

2. 相对于运输价格来说,人事因素也是一个比较大的影响客户购买运输服务的原因。因此针对这部分客户,我们不仅要在价格上给予优惠,更重要的,我们要与这部分客户形成良好的合作伙伴关系,才能更好地开展我们公司的业务。

3. 目前生产制造公司要更大程度地降低生产成本,因此制定优惠的运输价格将很快吸引这部分客户。我们的价格暂时按照课本上的价格定价,并且在年底的时候给予每个有签订长期合作协议的客户5%的运费返还。经过调查发现,这一优惠得到了众多客户的支持,相信能够更好地促进我们的业务量的增长。

第二节 物流企业客户管理

一、实验内容

收集客户信息,分类管理客户,与客户建立良好关系,保持持续合作,争取新的客户。

二、相关知识提示

物流企业客户管理是基于物流、资金流、信息流，通过合作伙伴关系，实现信息共享、资源互动和客户价值最大化，并以此提升企业竞争力的一种管理系统。它并不是指单纯的管理软件和技术，而是融入企业经营理念及生产管理、市场管理和客户服务等内容的管理方法。

（一）客户的识别

客户管理首先应当对客户进行识别和选择，包括以下几个步骤：

1. 客户信息的收集。客户管理就是科学地把客户信息用于物流经营活动过程中，使信息间接提高经济效益和社会效益。因此一流的物流客户信息系统有助于实现物流的功能，提高企业的客户服务水平。物流系统中，有些事项必须优先考虑，例如库存水平、订货状态、及时运输等，要及时处理这些事情，企业的客户信息收集就必须及时、准确。

物流客户信息的内容包括企业对内部上流程与下流程、内部客户与外部客户在企业现实环境下的合作程度、服务质量、适用客户层面、响应时间、场合、价格、方式、预计需求满足程度，内部职能协调等物流客户信息的收集程序一般包括确定收集的范围及目标、制定收集计划、选择收集方法、进行信息收集等。其中最重要的是收集方法的运用。物流客户信息收集按获取方式可分为一般收集方法、现代收集方法以及客户调查方法。一般收集方法包括统计资料法、观察法、会议现场收集法、阅读法、视听法等；客户调查方法一般采用以下方式：电话调查、邮件调查、焦点群体调查等；现代收集方法主要包括网络收集法、数据库收集法。

2. 客户信息的整理与分类。物流客户信息是物流客户管理的基础，而收集到的信息大都是零散的，对于这些不规范的信息，必须经过一定的整理加工程序，采用科学方法对收集的信息进行筛选、分类，以便物流管理和决策人员利用，从而更好地为客户服务。

3. 客户信息分析。该项工作主要是整理相关资料，分析谁是企业的客户，分辨一般客户、合适客户和关键客户，它是客户管理的基础；分析客户的需求特征和购买愿望，并在此基础上分析客户差异对企业利润的影响。客户信息分析不能仅仅停留在对客户信息的数据分析上，更重要的是对客户的态度、能力、信用、社会关系的评价。根据客户信息制定客户服务方案，来满足个性化需求，提高客户价值。

（二）客户的开拓

如何开拓物流客户是物流客户管理的工作重心。物流客户具有一定的特定性，开拓物流客户一定要根据物流客户的特征、结合企业本身的特点，运用市场营销原理，通过建立良好的物流服务体系，进行精确的物流市场定位，推进忠诚的物流市场营销以及开展多样的物流促销活动等途径来开拓物流客户，为企业赢得利润。

1. 建立良好的物流服务体系。
2. 进行准确的物流市场定位。
3. 推进忠诚的物流市场营销。
4. 开展多样的物流促销活动。

（三）客户的沟通

与客户保持经常性的沟通，随时掌握客户的情况和需求，是指导业务工作的前提条件，是开展客户服务的根本立足点。规范的客户联系制度可以使企业与客户的沟通富有效率。这种联系制度应该就沟通频率、沟通范围、沟通内容、沟通方式、沟通结果的处理等方面做出规定，以保证沟通的最终效果。

企业应该根据所需要信息的层次，由不同层次的人员与客户进行沟通并做出判断以做调整，跟随客户的发展需求，保证对客户的服务。如表9－2所示。

表9－2　　　　　　　　客户沟通形式

层面	方式	内容	目的
高层领导	定期拜访	战略发展意图	发展方向跟随
中层管理者	联席会议	经营管理信息	业务管理配合
操作人员	日常联系	业务操作信息	操作水平保证

另外，应建立客户投诉处理机制。一项服务无法避免客户的投诉，即使服务本身并没有错误，也可能因为客户的误解而遭到投诉。在遇到客户投诉的时候，解决的结果会对企业与客户的关系产生重大的影响。国外研究表明，如果客户投诉没有得到合理解决，将会有38%的客户立即或在短期内结束合作，有48%的客户会选择降低合作程度，减少合作范围，只有14%的客户会继续保持合作。

因此，物流企业要建立一套严格、规范、高效的客户投诉管理系统，做到：
（1）明晰客户投诉的主管部门及其责、权、利；
（2）投诉处理透明化；
（3）严密投诉的处理程序；
（4）健全投诉档案的管理和分析工作。

（四）客户满意度管理

物流企业服务的主流是提供增值服务，增加购买者所获得的效用。因此，良好的物流客户服务会提高产品价值、提高客户的满意度。所谓客户满意是客户对企业和企业员工提供的产品或服务的直接性综合评价，是客户对客户关怀的认可；不断强化客户满意是客户信任的基础。一般来说，客户满意与否主要取决于客户对服务所设想的绩效或产出与实际情况的比较，如果实际与他们的期望值相吻合，便会使客户感觉满意，可见，客户对服务的评判主要是根据他们自己的标准来进行的。

1. 评价客户满意度。这是一种从客户感受的角度来反映、研究客户满意度的方法。客户经历的服务质量、感知价值和客户期望的服务质量影响客户满意的评价过程。

（1）客户经历的服务质量。它是通过客户对近期接受服务经验的评价来显示的，对服务中客户满意具有直接的正面影响。

（2）感知价值。客户所感受的相对于所付出价格的服务质量水平。估计的价值增长与客户满意之间呈正相关关系。

（3）客户预期的服务质量。客户对以往企业服务的体验影响客户预期的服务质量。在服务表现确定的条件下，客户预期服务质量的高低决定了客户满意程度，预期质量高则满意度低。

因此，客户满意度评价体系包括：确定客户预期的服务质量、测定客户经历的服务质量、测定客户感知价值、测定总体客户满意度、测定客户抱怨及忠诚度。

2. 确立以客户为中心的理念。确立以客户为中心的理念，然后再通过实施一系列的项目来获得客户体验资料，对企业员工进行客户关系培训，并将客户的需求写入所有工作日程，从而实现这一价值；建立"内部客户"制度，使企业的整个工作都围绕客户服务展开；与客户建立有效的沟通系统，处理好客户抱怨，并及时了解客户需求，对客户需求做出快速反应。

3. 为客户提供个性化产品和及时性服务。个性化的产品能够增加客户的认知体验，从而培养客户的认知信任；及时性服务能使客户产生依赖，进而培养情感信任。客户信任需要企业的实际行动来培养，只有个性化的产品和及时性的服务才能适应客户的需求变化，才会使客户信任。如面对面地了解客户的真实想法，根据客户的需求意向预测产品和服务，及时送达等。

4. 增强客户体验，培养客户信任感。客户购买企业的产品和服务实质上是在接受一种体验，因此企业应从以下几个方面着手：树立为客户服务的观念。企业不单纯是为了经营，也要为客户解决实际问题，要以完善的服务和对客户负责的精神使客户对其产生充分的信赖感；制定既切实可行又有挑战性的服务质量标准，激励员工努力做好服务工作；向客户做出的承诺一定要兑现，多次的一诺千金有助于形成客户信任，一次的失约会导致客户的背离；做好服务质量检查、考核工作，并将考核结果及时反馈给有关员工，研究改进措施，不断提高服务质量。

5. 重视客户关怀。客户背离的实质就是企业对客户的关怀不够。客户关怀不仅仅是对客户有礼貌,还必须能够满足 7 个标准,即合适的客户、合适的产品和服务、合适的价值、合适的时间、合适的场合、合适的方式、合适的需求。客户关怀活动包含在客户接受产品和服务的客户体验的全部过程中,购买前的客户关怀为公司与客户之间的关系建立打开了一扇大门,为鼓励和促进客户的购买作了铺垫。购买期间的客户关怀则与公司提供的服务紧密地联系在一起。包括订单的处理以及各种有关的细节,都将与客户的期望相吻合,满足客户的需求。购买后的客户关怀则集中于高效的跟进和提供有效的关怀,其目的是促进客户信任的形成和巩固,使客户能够重复购买公司的产品或服务。

(五)客户的维系

大量研究表明:发展一个新客户要花费比保留一个老客户高得多的费用。也有分析表明,流失的客户数减少 5%,利润可以增加 50% 或者更多。因此,从财务角度上看,投资于老客户的服务活动比投资于开发新客户的活动回报率要更高。这是因为老客户的重复购买能够缩短购买周期,服务成本较低,而且老客户对价格也不如新客户敏感,还能提供免费的口碑宣传,加上他们的消费行为相对容易预测,有利于企业制定生产计划,降低库存。此外,当老客户因使用某商品而满意时,通常会对生产该产品或提供服务的企业产生好感,有此基础,客户容易接受该企业的其他产品或服务,尤其是在企业将新产品或服务推向市场的关键时刻,老客户的响应本身就是企业的优势之一。

所以客户维系策略可以使企业从现有客户中获取更多市场份额、减少销售成本、赢得口碑宣传、同时还能保持企业员工队伍的稳定。

如何留住老客户?最根本的是要掌握客户服务理念。物流企业应当经常考虑这样一些问题,并对自己的服务做出相应调整。

(1)客户是否对现有的物流服务有不满意的地方?
(2)是否有客户提出的物流服务要求企业现在做不到?
(3)现有服务能力与客户要求的差距在哪里,原因是什么?
(4)客户是否已经调整了自己的发展战略?
(5)客户是否要进行营销渠道的结构调整?
(6)客户的产品品种是增加了还是减少了?
(7)客户是不是又开辟了新的市场?
(8)是否了解客户的生产组织和营销管理方式?
(9)是否对客户的物流服务需求有透彻的理解?
(10)是否对客户产品的物流运作特性有充分的了解?
(11)是否对客户所属行业的竞争态势有充分的了解?
(12)是否了解客户的客户和其供应商的供应商?

(13) 是否对物流服务的法律环境有充分的了解？
(14) 自己与竞争对手的差距在哪里？
(15) 去年的客户今年还有多少仍然在册？
(16) 本企业是否有一个物流服务创新的计划？等等。

巩固客户的关键就是使客户满意，与客户建立长期的合作关系，并不存在一般意义上的巩固客户的方法，因为巩固客户是一项长期、艰巨的任务，任何简单化的方法都将导致客户的得失。因此，巩固客户的方法往往是带有策略性的，有的甚至还有战略性。物流企业一般可采用建立物流服务品牌，提高物流客户的满意度，开发物流服务新项目，强化内部客户管理以及改进物流服务质量等方法和途径来巩固客户，培养客户的忠诚度。

（六）建立客户服务联盟

每一个物流企业资源都是有限的，而客户的需求在范围上越来越广、内容上越来越多，一个客户的物流需求往往需要多个服务企业通过合作才能完成。如同制造业的竞争已经扩大到供应链的竞争一样，服务企业自身也在通过在服务供应商之间形成联盟，来改善其竞争能力，从而提高他们的竞争能力和竞争效率。如综合物流服务供应商联盟，其参与者通常来自于多个类型的企业，如承运人型企业、仓储型企业、货运代理/经纪人型企业、信息型企业等。

三、实验环境与条件

知识准备：基本掌握企业管理、物流管理、营销管理、会计核算等经济管理类专业的专业知识；从直接或间接渠道了解现实中的物流公司是如何进行客户管理的。

条件准备：《企业运作仿真综合实习教程》；已经搭建好仿真实习平台，第三方物流公司拥有一定范围的经营场所；第三方物流公司需配置1台电脑，并安装了Office办公软件，连接校园局域网与互联网；仿真实习组织管理部门配备了打印复印设备。

四、实验流程

1. 分析客户信息，建立分类档案；
2. 分类管理客户，保持良好沟通；
3. 争取新的客户。

五、实验成果与评价

1. 客户分类档案（占50%）；
2. 年度客户管理报告（占50%）。

六、理论思考

1. 不同类客户对物流公司的影响情况如何？
2. 如何更有效的管理客户？

七、实验案例

迅博国际物流公司第八年客户数据分析

经过公司全体成员的努力，我们第八年的经营顺利完成，尽管我们并没有取得骄人的业绩，但是由于是第一年的模拟经营，成败并不是我们的主要目的，关键是我们能够从这年的经营中，对企业模拟仿真实习有一个全面的认识，为后续两年的顺利经营打下坚实的基础。通过对公司一年来的经营业绩数据的汇总、分析，我们得到以下结论：

与核心客户建立良好的合作关系。在第八年的运输客户中，我们通过下列的图标可知，在这一年的经营中我们的运输营业收入的主要客户来源有致远科技、精锐电子、新万里租赁、腾锐科技、龙腾科技、sky-line 科技等六家企业。为此在后续的经营中我们将会加大与这些客户的合作关系，建立长久、友好的合作关系，为公司的经营寻找财源。

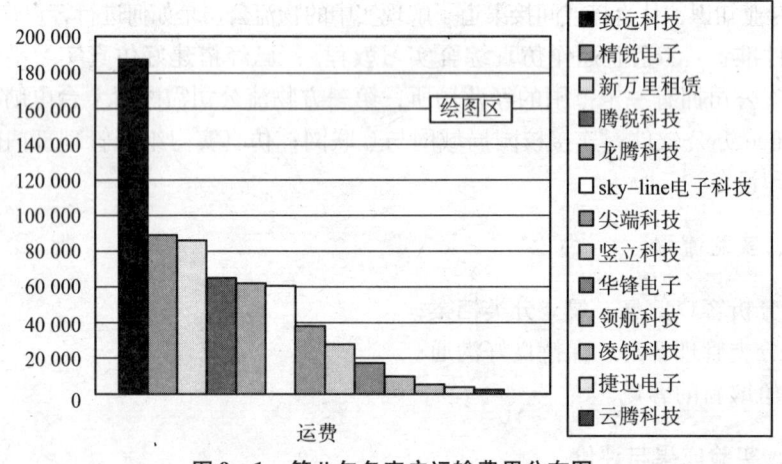

图 9-1 第八年各客户运输费用分布图

第十章 仿真物流企业财务管理

第一节 仿真物流企业筹资管理

一、实验内容

通过从合法渠道筹资,增强企业资金实力,促进企业更好的发展。

二、相关知识提示

筹资是通过各种筹资渠道和资金市场筹集资金的过程。

(一) 筹资管理的目标与原则

1. 企业筹资的目标和原则。

企业筹资有企业业务扩展性动机、偿债性动机和混合性动机。

企业筹资总的要求是要综合评价资金需要量、控制资金投放时间、选择资金来源渠道、确定合理资金结构等。

2. 筹资管理的目标。

在满足生产经营需要的情况下,不断降低资金成本和财务风险。

3. 筹资管理的原则。

(1) 科学预测资金的需要量,及时供应资金;

(2) 合理选择筹资方式,尽可能降低资金成本;

(3) 测算投资效益,明确投资方向;

(4) 合理利用负债经营,正确处理筹资风险。

(二) 筹资管理中的基本概念

1. 权益资本和负债资本。

2. 资金时间价值与资金成本。

(三) 筹资渠道与方式

1. 筹资渠道。

(1) 国家财政资金。通过直接向企业投入形成所有者权益和以银行贷款的方式向企业投入以形成企业的负债,具有利率低、使用时间长的特点。

(2) 银行贷款。银行贷款是通过抵押或质押或担保的方式向银行取得资金的方式。

(3) 非银行金融机构资金。非银行金融机构资金包括信托投资公司、保险公司、证券公司、租赁公司、企业集团、投资基金等的资金。

(4) 其他企业资金。主要是企业与企业之间相互投资的资金及在购销业务中通过企业的商业信誉取得的资金占用,如赊销等。

(5) 居民个人资金。通过向社会公众发行股票或债券的方式吸引居民的个人闲散资金。

(6) 企业内部形成的资金。指资本公积金、盈余公积金和企业为分配利润的方式在企业内部形成的资金。

(7) 外商资金。

2. 筹资方式。

(1) 吸引直接投资:以协议形式吸引国家、其他企业、个人或外商等主体直接向物流企业投入资金,这种筹资方式是非股份制企业筹集权益资本的重要方式。

(2) 发行股票:股票是股份制企业筹集自有资本而发行的有价证券,是股东按其所持股份享有权利和承担义务的书面凭证,它代表持股人对股份公司的所有权。通过发行股票来筹资,筹措到的资金不用偿还,并能迅速到位和提高企业的知名度。股票的发行,应明确发行目的,确认发行条件,选择发行方式,履行发行程序,降低发行成本。股票的主要类型是优先股和普通股。

(3) 发行债券:融资债券是指企业按照法定程序发行,约定在一定期限内还本付息的债券凭证,它代表债券持有者与企业的一种债务关系。如国家3年、5年债券等,具有期限性、偿还性、风险性、利息率等特征。

(4) 银行贷款:向银行或其他机构申请贷款,并按照签订的合同按期向银行偿还本息。按贷款期限不同,可分为短期贷款与长期贷款。

(5) 租赁筹资:租赁筹资是通过租赁获取资金的筹资方式。

(6) 商业信用:指商品购销交易中,以延期支付货款方式赊购商品,或预先收取货款后发运货物,在商品形态上提供的信用。这种方式筹集的是企业短期债务资金。企业应按合同或结算方案及时偿清,否则会影响社会资金的良性循环。

(7) 投资基金:投资基金分证券、产业和风险基金三大类,由专门的投资机构打理,吸引众多投资者的资金。风险基金专门投资高成长型的项目,如网络项目,与项目创始公司合股成中小企业,培育一段时间后争取在创业板股票市场上市。

（8）BOT 融资（Build-Operate-Transfer，建设—经营—转让）：BOT 融资是用于基础设施建设融资的一种方式，有时被称为公共工程特许权。它是政府针对基建项目如公路、桥梁、物流园区等向私人公司招标，由中标公司建设，在约定的时期（一般为 20 年）内拥有设施的经营权，期满后归还给政府。

（9）TOT 融资（Transfer Operate Transfer）：Tot 融资是将建设好的基础设施移交给外国企业或私人企业在一定时期内进行管理，条件是向建设单位交纳一定的资金，合约到期后再移交给建设单位。

（10）无形资产融资：无形资产融资是以专利、网络域名、商标、经营网络、知识产权等无形资产作为融资手段，采用或转让或合作或合资的方式获得资金的筹资方式。

（11）特许权融资：特许权融资是将企业自己拥有的知识、品牌、经营模式、技术标准等对其他的企业及个人出租、入优先股等方式经营，以获取一定的加盟金的方式。

（四）物流企业筹资决策分析

1. 融资的主要思路。

融资的主要思路是：定义资源——确定资源——引导资源——交换资源。

定义资源是指要首先确定企业需要什么样的资源，该资源的用途是什么，为什么要融资。

确定资源是确定企业所需要资源的数量、需要的时间、资源现在所处的状态、存在的地点和方式等。

引导资源是指使用获得资源的途径和方法。

交换资源是指支付获取需要资源的代价。

2. 融资策划与决策的主要理念。

融资策划与决策的主要理念是潜在价值共享——共同创造超值——交换价值各得其所。

潜在价值共享是指双方均有一些潜在的闲置的资源，把它们组合在一起，可以创造出更大的价值，双方就此可以分享该新增价值。

共同创造超值是指双方均有一些显在资源，但价值量都不大，把双方的这些资源整合在一起，可以发挥更大的价值。

交换价值各得其所是指双方用易货的方式换回各自所需要的资源。

3. 物流企业筹资决策分析的内容。

（1）资本成本分析。

（2）财务风险衡量。财务风险是指由于利用财务杠杆，使企业的破产风险或普通股收益发生大幅度变动的风险。这些财务杠杆的作用是保证具有固定性利息、利率和利润的借款的支付对普通股股票收益的冲击。

(3) 资本结构优化。资本结构优化是企业长期资金来源的结构，即企业长期资金来源中的资本与负债的比率。企业最佳资本结构是合理配置长期负债与所有者权益的构成比例，其目的是要使企业资本总成本最低，企业的资本价值最大，同时风险不大，可以承受。

三、实验环境与条件

知识准备：基本掌握企业管理、物流管理、营销管理、筹资决策、投资决策、会计核算等经济管理类专业的专业知识；从直接或间接渠道了解现实中的物流公司是如何进行筹资管理的。

条件准备：《企业运作仿真综合实习教程》；已经搭建好仿真实习平台，第三方物流公司拥有一定范围的经营场所；第三方物流公司需配置1台电脑，并安装了Office办公软件，连接校园局域网与互联网；仿真实习组织管理部门配备了打印复印设备。

四、实验流程

企业如有需要，可通过正常合法的渠道筹资。实验流程不作必须要求。

第二节 仿真物流企业投资管理

一、实验内容

投资物流设施设备，或其他投资。

二、相关知识提示

(一) 投资的特征

在市场经济条件下，投资是指投资主体将其拥有或筹集的资金加以运用，以期获取未来收益的过程。这一概念具有如下特征。

1. 投资是某个经济主体的活动。
2. 投资总是以取得一定的收益为前提。
3. 投资的预期收益具有不确定性。
4. 投资具有垫付性。

（二）投资的分类

投资按不同角度有不同的分类。

1. 按投资对象的形态，投资可以分为实体投资和金融投资。实体投资是指物流企业投资于具有物质形态的实物资产和不一定具有物质形态的无形资产的投资活动。物流企业进行实体投资，收益相对较为稳定，但总体收益率较低。进行实体投资，所存在的投资风险主要是所生产的产品是否有市场，是否适销对路，因此，投资风险相对较小。

金融投资是指物流企业投资于金融资产或金融工具的投资活动。金融资产仅仅是一种权益，它直接表现为金融工具，如银行活期存款、股票、期货合约等。进行金融投资，物流企业不仅可以获得投资利润，还可以获得资本利得收益；进行金融投资，所存在的投资风险要比实体投资的高，不仅存在实体投资中的商品市场风险，更为重要的是还存在金融市场风险。

2. 按投资与生产经营的关系，投资可以分为直接投资和间接投资。直接投资是指把资金投资于本物流企业或外单位的生产经营性资产，以便取得直接收益的投资；间接投资又称证券投资，是指把资金投资与有价证券等金融资产结合，以取得投资利润和资本利益的投资。

3. 按投资投放的方向，投资可以分为对内投资和对外投资。对内投资是指把资金投放到物流企业自身的生产经营中，形成物流企业的固定资产、无形资产等的投资；对外投资是指物流企业以现金、实物、无形资产购买股票、债券等有价证券的形式对其他单位的投资。对内投资都是直接投资，对外投资主要是间接投资，也可以是直接投资。

4. 按投资期限的长短，投资可以分为长期投资和短期投资。短期投资又称为流动资产投资，是指能够并且准备在一年以内收回的投资，主要指对货币资金、应收款项、存货、短期有价证券等的投资。长期投资如能随时变现，也可以作为短期投资。长期投资则是指一年以上才能收回的投资，主要指对厂房、机器设备等各类固定资产的投资，也包括对无形资产和长期有价证券的投资。由于长期投资中固定资产所占的比率最大，所以长期投资有时专指固定资产投资。

（三）投资管理的目标和原则

1. 投资管理的目标。
（1）进行投资的可行性研究；
（2）提高投资报酬；
（3）降低投资风险。

2. 物流企业投资应遵循的原则。
（1）正确处理企业微观条件与宏观环境之间的关系；

(2) 正确处理投资需求与资金供应的关系；
(3) 正确处理内部投资与外部投资的关系。

（四）长期投资的一般方法

1. 物流企业的对内长期投资。

(1) 固定资产投资。企业用于厂房设施、机器设备等属于资产方面的投资。

(2) 无形资产投资。企业在专利、专业或专有技术、商誉、企业形象等方面的投资，如商标价值评估。

(3) 递延资产投资。指不能全部记入当年的损益，而要在多个年度平均分摊的资产，如企业的开办费。

2. 物流企业的对外长期投资。

(1) 对外证券投资。包括债券投资、股票投资。

(2) 对外直接投资。包括联营投资、兼并投资、境外投资。

（五）企业长期投资决策应考虑的因素

1. 资金的时间价值（见上一节）。

2. 投资的风险价值。投资的风险价值是指承担风险进行的投资所取得的报酬。一般而言，风险越大，投资的报酬率就越高。

3. 现金流量。现金流量是指与某一投资方案相联系的，在未来所发生的现金的流出和流进的数量。通过现金流量可以知道未来与投资有关的每笔现金的进、出时机和时点，因为不同时点上的资金的时间价值是不同的。

这里所说的现金，不仅包括货币，还包括投资项目需要投入的企业原来所拥有的非货币资源的变现价值或重置成本，如投资项目使用的原有厂房、设备等。

现金流出量是指实施投资方案所需要的全部货币支出量，主要包括：固定资产原始投资及追加投资、无形资产及递延资产投资、流动资产投资、投资项目营运成本等。

现金净流量 = 现金流入量 − 现金流出量

4. 资金成本。资金成本是资金使用者为筹集资金和占用资金所支付的各种筹资费用和使用费用。投资报酬率大于资金成本率就有利润。

（六）长期投资决策分析的一般方法

1. 非贴现的投资决策分析方法。

(1) 投资回收期法（还本期限法）。投资回收期法是全部收回投资所需要的时间，时间越短，则投资方案的风险越小，反之越大。

投资回收期 = 原始投资额/每年现金净流量

当每年的现金净流量不相等时，其回收期应按累计现金净流量计算；若原始投资分几年投入的话，也应计算累计额，即累计现金净流量等于原始投资总额所需要的时间就是回收期。

（2）投资收益率法：

投资收益率＝年均现金净收益/投资总额

当投资收益率低于预期期望的投资收益率时应放弃投资方案。

2. 贴现分析评价法。

（1）净现值法。净现值是指投资方案未来现金流入现值与其现金流出现值的差额。

净现值＝未来净现金流入总现值－初始投资额（或全部投资额现值）

（2）现值指数法。现值指数是投资方案未来现金流入总金额的现值同现金流出现值的比值。

现值指数＝未来净现金流入的总现值/初始投资额（或全部投资额现值）

当指数大于1时，方案可行，且指数越大方案越优。

（3）内部收益率法。内部收益率法是指可以使未来现金流入现值恰好等于未来现金流出现值时的贴现率，或投资方案的净现值为零时的贴现率。

三、实验环境与条件

知识准备：基本掌握企业管理、物流管理、营销管理、筹资决策、投资决策、会计核算等经济管理类专业的专业知识；从直接或间接渠道了解现实中的物流公司是如何进行投资管理的。

条件准备：《企业运作仿真综合实习教程》；已经搭建好仿真实习平台，第三方物流公司拥有一定范围的经营场所；第三方物流公司需配置1台电脑，并安装了Office办公软件，连接校园局域网与互联网；仿真实习组织管理部门配备了打印复印设备。

四、实验流程

如有需要，物流公司可投资物流设施设备，或其他投资。实习中此节不要求必须完成。

第三节　仿真物流企业成本管理

一、实验内容

进行物流企业的全面成本管理。

二、相关知识提示

物流企业主要是通过向货主提供专业化的物流服务而获取报酬,可以说物流企业的整个运营成本实际上就是货主企业物流成本的转移,所以物流企业的全部运营成本都可以被视为广义上的物流成本。从这个角度出发,物流企业的成本管理也可以理解为"物流成本管理"。另一方面,物流企业是通过降低货主企业的物流成本而取得自己的利润,因此,物流企业的成本管理,从某种意义上说,就是对货主企业的物流成本的管理,这就要求物流企业必须了解货主企业物流成本的特点及构成。

(一) 物流成本的分类

1. 按企业业务性质不同分类。
(1) 生产企业的物流成本;
(2) 商业企业的物流成本;
(3) 物流企业的物流成本。

物流企业是为货主企业提供专业物流服务的,可以说物流企业的整个运营成本和费用实际上就是货主企业(工商企业)物流成本的转移。

2. 按物流成本是否具有可控性分类。
(1) 可控成本。可控成本是指考核对象对成本的发生能够控制的成本。例如,生产部门对材料的消耗是可以控制的,所以材料的耗用成本(按标准成本计算)是生产部门的可控成本;而材料的价格,因由供应部门所控制,所以是供应部门的可控成本。由于可控成本对各责任中心来说是可控制的,因而必须对其负责。

(2) 不可控成本。不可控成本是指考核对象对成本的发生不能予以控制,因而也不予负责的成本。例如,上面所说的材料的采购成本,生产部门是无法控制的,因而对生产部门来说是不可控成本。对于一个部门来说是可控的,对另一部门来说是不可控的。但从整个企业来考察,所发生的一切费用都是可控的,只是这种可控性需分解落实到相应的责任部门。所以从整体上看,所有的成本都是可控成本,这样就能同时调动各责任中心的积极性。

3. 按物流成本与业务量之间的关系分类。按物流成本的特性分类,即按物流成本与业务量之间的关系分类,可将物流成本划分为变动成本、固定成本及混合成本。

(1) 变动成本。变动成本是指其发生总额随业务量的增减变化而近似成正比例增减变化的成本。这里所需强调的是变动的对象是成本总额,而非单位成本。就单位成本而言,则恰恰相反,是固定的。因为只有单位成本保持固定,变动成本总额才能与业务量之间保持正比例的变化。

（2）固定成本。固定成本是指成本总额保持稳定，与业务量的变化无关的成本。同样应予以注意的是，固定成本是指其发生的总额是固定的，而就单位成本而言，却是变动的。因为在成本总额固定的情况下，业务量小，单位产品所负担的固定成本就高；业务量大，单位产品所负担的固定成本就低。

（3）混合成本。在生产经营活动中，还存在一些既不与产量的变化成正比例变化也非保持不变，而是随产量的增减变动而适当变动的成本，这种成本被称为半变动成本或半固定成本，例如机器设备的日常维修费、辅助生产费用等。其中受变动成本影响较大的称为半变动成本，而受固定成本的特征影响较大的称为半固定成本。由于这类成本同时具有变动成本和固定成本的特征，所以也称为混合成本。对于混合成本，可按一定方法将其分解成变动与固定两部分，并分别划归到变动成本与固定成本。

4. 按成本计算的方法分类。按成本计算的方法分类，可将成本分为实际成本与标准成本两类。

（1）实际成本。实际成本是指企业在物流活动中实际耗用的各种费用的总和。

（2）标准成本。标准成本是通过精确的调查、分析与技术测定而制定的，用来评价实际成本、衡量工作效率的一种预计成本。在标准成本中，基本上排除了不应该发生的"浪费"，因此被认为是一种"理想成本"。标准成本和估计成本同属于预计成本，但后者不具有衡量工作效率的尺度作用，主要体现可能性，供确定产品销售价格使用。标准成本要体现企业的目标和要求，主要用于衡量工作效率和控制成本，也可用于存货和销货成本的计价。

5. 按物流成本在决策中的作用分类。

（1）机会成本。机会成本是企业在做出最优决策时必须考虑的一种成本。其含义是当一种资源具有多种用途，即有多种利用机会时，选定其中的一种就必须放弃其余几种。为了保证经济资源得到最佳利用，即选择资源利用的最优方案，在分析所选方案（机会）的收益时，就要求将其余放弃的方案中的最高的收益额视作选定该方案所付出的代价，这种被放弃的次优方案的最高的收益额即为所选方案的机会成本。

机会成本不是实际所需支付的成本，而是一种决策时为选择最优方案而所需考虑的成本。在选择方案时，如果考虑了机会成本，所选方案的收益仍为正数，该方案即为最优方案；如果考虑了机会成本，所选方案的收益为负数，该方案就不是最优方案。引进机会成本这一概念后，就可保证决策的最优化。

（2）可避免成本。可避免成本是指当决策方案改变时某些可免予发生的成本，或者在有几种方案可供选择的情况下，当选定其中一种方案时，所选方案不需支出而其他方案需支出的成本。但应注意，可避免成本不是可降低的成本，虽然对本方案来说，其他方案的某些支出本方案可免予支出，但本方案可能发生其他的支出，所以可避免成本仅指其他方案的某些支出本方案可免予发生。可避免成本常常是与决策相关的成本。

（3）重置成本。重置成本是指按目前的市价来计量的所耗资产的成本，重置成本所反映的是现时价值。从理论上讲，比采用原始成本计价更为合理。

（4）差量成本。差量成本是指两个不同方案之间预计成本的差异数。在做出决策时，由于各个方案所选用的生产方式、生产工艺和生产设备的不同，各方案预计所发生的成本也不同，各方案估计成本的差异数即为差量成本。在产品售价或销售收入相同的情况下，差量成本是进行决策的重要依据。另外，在各方案的成本比较中，当选定某一方案为基本方案，然后将其他方案与之相比较时，增加的成本也称为增量成本，所以增量成本是差量成本的另一种表现形式。

6. 按物流费用的支付形态分类。按物流费用支付形态分类，可分为直接物流成本和间接物流成本。直接物流成本由企业直接支付；间接物流成本是由企业把物流活动委托其他组织或个人而支付的物流费用。这两大项又可以详细分为：材料费、人工费、燃料动力费、经营管理费、一般经费、委托物流费等。

（1）材料费。包括包装材料、燃料、工具材料等的消耗形成的费用。

（2）人工费。包括工资、奖金、退休金、福利费等费用。

（3）燃料动力费。包括水费、电费、燃气费等。

（4）经营管理费。包括维护保养费、消耗材料费、房租、保险费、折旧费等。

（5）一般经费。包括差旅费、交际费、教育费、会议费、杂费等。

（6）委托物流费。包括包装费、运费、保管费、出入库费、手续费以及委托企业外部承担物流业务而支付的费用。

（二）物流成本管理的内容

物流成本管理的具体内容包括：物流成本预测、物流成本决策、物流成本计划、物流成本控制、物流成本核算、物流成本分析等。

1. 物流成本预测。物流成本预测是根据有关成本数据和企业具体的发展情况，运用一定的技术方法，对未来的成本水平及其变动趋势做出科学的估计。成本预测是成本决策、成本计划和成本控制的基础工作，可以提高物流成本管理的科学性和预见性。

在物流成本管理的许多环节都存在成本预测问题，如仓储环节的库存预测、流通环节的加工预测、运输环节的货物周转量预测等。

2. 物流成本决策。成本决策是在成本预测的基础上，结合其他有关资料，运用一定的科学方法，从若干个方案中选择一个满意的方案的过程。从物流整个流程来说，有配送中心新建、改建、扩建的决策；流通加工合理下料的决策等。进行成本决策、确定目标成本是编制成本计划的前提，也是实现成本的事前控制，提高经济效益的重要途径。

3. 物流成本计划。物流成本计划是根据成本决策所确定的方案、计划期的生产任务、降低成本的要求以及有关资料，通过一定的程序，运用一定的方法，以货币形式规定计划期物流各环节的耗费水平和成本水平，并提出保证成本计划顺利实现所采取的措施。通过成本计划管理，可以在降低物流各环节方面给企业提出明确的目标，推动企业加强成本管理责任制，增强企业的成本意识，控制物流环节费用，挖掘降低成本的潜力，保证企业降低物流成本目标的实现。

4. 物流成本控制。成本控制是根据计划目标，对成本发生和形成的过程以及影响成本的各种因素和条件施加主动的影响，以保证实现物流成本计划的一种行为。从企业的生产经营过程来看，成本控制包括成本的事前控制、事中控制和事后控制。成本事前控制是整个成本控制活动中最重要的环节，它直接影响以后各作业流程成本的高低。事前成本控制活动主要有物流配送中心的建设控制，物流设施、设备的配备控制，物流作业过程的改进控制等。成本的事中控制是对物流作业过程实际劳动耗费的控制，包括设备耗费的控制、人工耗费的控制、劳动工具耗费和其他费用支出的控制等方面。成本的事后控制是通过定期对过去某一段时间成本控制的总结、反馈来控制成本。通过成本控制，可以及时发现存在的问题，采取纠正措施，保证成本目标的实现。

5. 物流成本核算。成本核算是根据企业确定的成本计算对象，采用相适应的成本计算方法，按规定的成本项目，通过一系列的物流费用汇集与分配，从而计算出各物流活动成本计算对象的实际总成本和单位成本。通过物流成本计算，可以如实地反映生产经营过程中的实际耗费，同时，也是对各种活动费用实际支出的控制过程。

6. 物流成本分析。物流成本分析是在成本核算及其他有关资料的基础上，运用一定的方法，揭示物流成本水平的变动，进一步查明影响物流成本变动的各种因素。通过物流成本分析，可以提出积极的建议，采取有效的措施，合理地控制物流成本。

上述各项成本管理活动的内容是相互配合、相互依存的一个有机整体。成本预测是成本决策的前提；成本计划是成本决策所确定目标的具体化；成本控制是对成本计划的实施进行监督，以保证目标的实现；成本核算与分析是对目标是否实现的检验。

三、实验环境与条件

知识准备：基本掌握企业管理、物流管理、营销管理、筹资决策、投资决策、会计核算等经济管理类专业的专业知识；从直接或间接渠道了解现实中的物流公司是如何进行成本管理的。

条件准备：《企业运作仿真综合实习教程》；已经搭建好仿真实习平台，第三方物流公司拥有一定范围的经营场所；第三方物流公司需配置1台电脑，并安装了Office办公软件，连接校园局域网与互联网；仿真实习组织管理部门配备了打印复印设备。

四、实验流程

1. 设定各项物流成本的归集范围；
2. 进行成本归集；
3. 进行成本核算；
4. 进行成本分析。

五、实验成果与评价

1. 成本归集的正确性（占30%）；
2. 成本核算表（占30%）；
3. 成本分析报告（占40%）。

六、理论思考

1. 成本核算与分析的难点和重点分别是什么？
2. 对于成本核算与分析的难点，你所在的公司是如何解决的？
3. 对于成本核算与分析的重点，你所在的公司是如何处理的？

第四节 仿真物流企业财务分析与评价

一、实验内容

评价物流企业整体财务状况。

二、相关知识提示

(一) 财务分析的概念

财务分析是运用财务报表，对物流企业过去的财务状况、经营成果及未来前景做出的一种评价。通过这种评价可以为财务决策、计划和控制提供广泛的帮助，并为投资者进行投资分析、投资决策提供重要的依据。

财务分析主要依据财务报表中的大量数据，根据需要计算出很多有意义的比率，这些比率涉及物流企业经营管理的各个方面。

(二) 财务分析与评价的目的与要求

（1）财务分析应满足多元分析主体的不同需要。财务分析一般是面向于：企业经营管理者、企业投资人、债权人、银行机构、政府机关等。

（2）财务分析应以公认的会计准则和有关法规制度为依据。

（3）及时提供财务分析与评价的结果。

(三) 财务分析与评价的基础

物流企业财务分析与评价依据主要是企业的会计核算资料和财务报告，并以报告为主。财务报告是现代物流企业向政府部门、投资者、债权人等与本企业有利害关系的组织或个人提供的、反映本企业在一定时期内的财务状况、经营成果以及影响企业未来经营发展的经济事项的文件，主要包括资产负债表、损益表、现金流量表、其他附表以及财务状况说明书，其中资产负债表、损益表、现金流量表应用比较广泛。

财务报表反映过去的经营成果和财务状况。财务报表的真正价值是通过财务报表的分析来预测未来的盈余、股利与现金流量的风险，以帮助公司决策层规划未来，帮助投资者进行投资。不掌握财务报表分析，就不能把反映历史状况的数据转变为预计未来的有用信息。

1. 资产负债表。资产负债表是以"资产 = 负债 + 所有者权益"为根据，按照一定的分类标准和次序反映物流企业在某一时点上资产、负债及所有者权益的基本状况的会计报表。资产负债表可以提供企业的资产结构、资产流动性、资金来源状况、负债水平以及负债结构等信息，分析者可据以了解企业拥有的资产总额及其构成状况，考察企业资产结构的优劣和负债经营的合理程度，评估企业的清偿债务的能力和筹资能力，预测企业未来的财务状况和财务安全度，从而为债权人、投资人及企业管理者提供决策依据。

2. 损益表。损益表是计算投资利润率和投资利税率的基础和依据。损益表是以"利润 = 收入 - 费用"为根据编制，反映物流企业在一定经营期间内物流活动经营成果的财务报表。通过损益表可以考核现代物流企业利润计划的完成情况，分析企业实际的盈利水平及利润增减变化原因，预测利润的发展趋势，为投资者及企业管理者等各方面提供决策依据。

3. 现金流量表。物流企业的现金流量表是以"净现金流量：现金流入－现金流出"为根据编制的，通过现金和现金等价物的流入、流出情况，反映企业在一定期间内的经营活动、投资活动和筹资活动的动态情况的财务报表。它是计算现代物流企业内含报酬率、财务净现值和投资回收期等反映投资项目盈利能力指标的基础。根据计算的基础不同，现金流量表可分为全部投资财务现金流量表和自有资金财务现金流量表。

（四）财务分析与评价的指标体系

物流企业的财务分析与评价指标体系由三大部分组成：企业偿债能力指标、企业营运能力指标、企业获利能力比率。

1. 偿债能力指标。

（1）流动比率：

流动比率 = 流动资产/流动负债

它反映了流动资产对流动负债的保障程度，即单位负债相对应地有多少流动资产做后盾。其比率越高，表明企业的偿债能力越强，从债权人的角度来说就是对自己收回债权越有利和越有保障。一般流动比率为200%比较合理。

（2）速动比率。速动比率是指企业的速动资产与流动负债的比率。速动资产是指企业那些在短期内可以迅速转化为现金的资产，如现金、股票、有价证券和应收账款等。

速动比率 = 速动资产/流动负债 = （流动资产－存货）/流动负债

由于存货一般要花费几个月的时间去处理，才有可能换回现金，所以存货不是速动资产。一般认为速动比率应达到100%左右比较合理。过高，会造成资金闲置和浪费。

（3）资产负债率：

资产负债率 = 负债总额/资产总额

资产负债率是衡量企业总负债的资产保障程度的。从企业债权人的角度看，此指标越小越好；从企业的角度看，此指标高表明企业活力充沛。但负债高，企业的再融资能力会降低。

（4）产权比率。产权比率是负债与股东权益比率，是负债总额与所有权（股东）权益总额的比率。

产权比率 = 负债总额/股东权益总额

它反映的是企业股东每单位权益承担着多少负债，其比率越高，股东的权益越不稳定和无保障。

(5) 利息保障倍数。利息保障倍数是企业经营业务的收益或收入或利润与企业的总利息费用之间的比率,是反映企业在一定盈利条件下支付利息的能力。

利息保障倍数 = 税前利润/利息费用

或利息保障倍数 = (税前利润 + 利息费用)/利息费用

此指标越高,则企业支付利息的能力越强,贷款越好贷。

2. 营运能力指标。

(1) 库存周转率:

库存周转次数 = 销售成本/平均库存成本

库存周转天数 = 计算期天数/库存周转次数 = 平均库存×计算期天数/销售成本

(2) 应收账款周转率:

应收账款平均余额 = (期初应收账款 + 期末应收账款)/2

应收账款周转率 = 赊销收入净额/应收账款平均余额

指标越高越好。

(3) 流动资产周转率:

流动资产周转率 = 销售收入/流动资产平均余额

指标越高越好。

(4) 总资产周转率:

资产周转率 = 销售收入/资产平均总额

反映企业全部资产的使用效率。

3. 获利能力分析与评价。

(1) 资本金利润率:

资本金利润率 = 利润净额/资本金总额

反映的是企业资本金的获利能力。

(2) 资产报酬率:

资产报酬率 = (利润总额 + 利息)/平均资产总额

把利息作为企业资产报酬部分是因为它也是企业负债资本增值的一部分,只是它被支付给了债权人。该指标的高低反映了企业的资产数量、结构及对资产的经营管理水平和投资能力。

(3) 销售利税率:

销售利税率 = 利税总额/净销售收入

反映了企业对国家贡献的大小。

(4) 成本费用利润率:

成本费用利润率 = 税后利润净额/成本费用总额

反映了企业付出与所得的关系,指标比率越高,说明企业为获得收益而付出的代价越小，企业的获利能力越强。

（5）销售毛利率：

销售毛利率＝毛利/销售收入（毛利－销售收入－成本）

（6）投资回报率：

投资回报率＝净收入/全部有效投资

（7）销售净利率：

销售净利率＝净收入/全部销售收入

（五）财务分析与评价方法

对物流企业进行财务分析的方法，主要有对比分析法、比率分析法、因素分析法、趋势分析法等。在进行财务分析时，绝对指标和相对指标（比率）都很重要。尤其是对不同规模的物流企业进行比较分析时，比率分析法显示出明显的优越性。企业财务比率可以分为以下三类：物流企业偿债能力比率、物流企业营运能力比率、物流企业获利能力比率。

三、实验环境与条件

知识准备：基本掌握企业管理、物流管理、营销管理、筹资决策、投资决策、会计核算等经济管理类专业的专业知识；从直接或间接渠道了解现实中的物流公司是如何进行财务分析与评价的。

条件准备：《企业运作仿真综合实习教程》；已经搭建好仿真实习平台，第三方物流公司拥有一定范围的经营场所；第三方物流公司需配置1台电脑，并安装了 Office 办公软件，连接校园局域网与互联网；仿真实习组织管理部门配备了打印复印设备。

四、实验流程

1. 制年度资产负债表；
2. 制年度利润表。

五、实验成果与评价

1. 年度资产负债表（占50%）；
2. 年度利润表（占50%）。

六、理论思考

目前你所在的物流企业经营情况如何？如何提升业绩？如何扩张发展？

第五节 仿真物流企业财务管理实验案例

迅腾物流有限责任公司第八年财务状况

一、第八年成本核算

人工费用

1. 工资：每月 100 500 元，折合美元 14 678

CEO（1）：10 000 元；中层管理人员（3）：15 000 元；基层管理人员（6）：18 000 元；业务员（10）：15 000 元；司机（25）：37 500 元；其他人员（5）：5 000 元。每年行车里程超过 25 万公里，还应按 15 元/100 公里给全体司机发放超额津贴（下年度发放）营业收入每增加 30 万元，需增加业务员 1 人，每增加 10 个业务员，需增加 1 名基层管理人员。

2. 职工福利费：

每月（季）工资总额的 14% 计提职工福利费，全年使用率达到 90% 以上，即按现有水平，每年为：$100\ 500 \times 0.14 \times 0.9 = 12\ 663$（元）

设备维修费、维护费：共 $371 \times 0.02 = 7.42$（万元）

按月（季度）支付，每年按设备原值的 2% 计算

A 卡车 5 辆，每辆价值 18 万元，总值：90 万元

B 卡车 6 辆，每辆价值 16 万元，总值：96 万元

C 卡车 5 辆，每辆价值 12 万元，总值：60 万元

其他物流设备共 125 万元

业务外包费用

1. 铁路

运输品种类		运输方式		备 注
		零担	集装箱	
原材料		0.04 元/单位/公里	0.038 元/单位/公里	零担、5.6 吨集装箱、10 吨集装箱的费用还要加上 10%、7%、6% 的管理费
产成品	P1/P2	0.055 元/单位/公里	0.05 元/单位/公里	
	P3/P4	0.065 元/单位/公里	0.06 元/单位/公里	

每个原材料集装箱（10 吨）要付 $13.68 \times 1.06 = 14.5$（元/公里），5.6 吨要付 $7.22 \times 1.07 = 7.7254$（元/公里）；

每个产成品：

（P1/P2）集装箱（10 吨）要付 $18 \times 1.06 = 19.08$（元/公里），5.6 吨要付 $9.5 \times 1.07 = 10.165$（元/公里）。

P3/P4 集装箱（10 吨）要付 $21.6 \times 1.06 = 22.896$（元/公里），5.6 吨要付 $11.4 \times 1.07 = 12.198$（元/公里）。

2. 水路

运输品种类		运输方式		备注
		零担	集装箱	
原材料		0.03 元/单位/公里	0.028 元/单位/公里	零担、20 呎集装箱、40 呎集装箱的费用分别加上 10%、7%、6% 的管理费
产成品	P1/P2	0.05 元/单位/公里	0.045 元/单位/公里	
	P3/P4	0.045 元/单位/公里	0.04 元/单位/公里	

每个原材料集装箱（40 呎）要付 $15.4 \times 1.06 = 16.324$（元/公里），20 呎要付 $7 \times 1.07 = 7.49$（元/公里）；

每个产成品：（P1/P2）集装箱（40 呎）要付 $24.75 \times 1.06 = 26.235$（元/公里），20 呎要付 $11.25 \times 1.07 = 12.0375$（元/公里）。

P3/P4 集装箱（40 呎）要付 $22 \times 1.06 = 23.32$（元/公里），20 呎要付 $10 \times 1.07 = 10.7$（元/公里）。

公司自营公路运输，其他作业相关成本如下：

成本项目	计量单位	单价
燃料费	元/吨公里	市场价格
养路费、税金以及运输管理费	元/车/年	5 000
车辆保险费	元/车/年	2 000

企业经营管理费用

在经营活动中所涉及的各种经营管理费用，包括公共费用，广告费用，公关费，差旅费，质量管理费，会议费，人员培训费，办公费等，按营业收入的 1% 计算。

各种税收

营业税 按当年营业收入的 3% 收取，即营业税 = $870\,311.02 \times 0.03 =$

26 109.33（元）

城建税　城建税=（营业税+增值税+消费税）×0.07=26 109.33×0.07=1 827.65（元）

教育费附加　教育费附加=（营业税+增值税+消费税）×0.03=26 109.33×0.03=783.28（元）

企业所得税　按当年营业收入的25%收取，企业所得税=870 311.02×0.25=21 757.76（元）

个人所得税　个人所得税=（10 000-2 000）×0.2×1+（5 000-2 000）×0.15×3+（3 000-2 000）×0.1×6=1 600+450×3+100×6=3 550（元）

二、年度经营情况

第八年度利润表

单位：讯腾　　　　　　　　　　　　　　　　　　　　　　　　　　单位：元

项　目	行次	本年数	上年数
一、营业收入	1	870 311.02	516 371.15
减：营业成本	2	432 907.03	392 442.07
营业税金及附加	3	26 260.33	30 982.27
减：销售费用	4	0.00	21 818.50
管理费用	5	85 901.24	26 909.48
财务费用	6	10 000.00	3 636.42
加：投资收益	7	7 563.75	7 563.75
二、营业利润	8	434 703.99	48 146.15
加：营业外收入	9	53 841.42	6 545.55
减：营业外支出	10	42 945.12	4 654.61
三、利润总额	11	333 702.47	50 037.09
减：所得税	12	33 370.25	12 509.27
四、净利润	13	300 332.23	37 527.82
五、每股收益	14	0.15	0.02

第八年度资产负债表

单位：讯腾　　　　　　　　　　　　　　　　　　　　　　　　　　　　单位：美元

资产项目	年末数	年初数	负债及所有者权益项目	年末数	年初数
现金	692.28	727.28	短期借款	145 456.66	145 456.66
银行存款	707 726.33	81 324.82	应付账款	0.00	32 000.47
交易性金融资产	203 639.33	203 639.33	应付职工薪酬	35 676.56	19 156.64
应收账款	156 944.92	26 182.20	应交税费	33 308.60	11 738.35
应收利息	3 200.05	3 200.05	应付利息	19 636.65	19 636.65
存货	33 164.12	33 164.12	长期借款	160 002.33	160 002.33
其他流动资产	21 818.50	21 818.50	实收资本	378 187.32	378 187.32
固定资产原值	961 468.53	961 468.53	资本公积	59 709.96	59 709.96
累计折旧	326 113.83	326 113.83	盈余公积	109 092.50	109 092.50
固定资产净值	635 354.70	635 354.70	未分配利润	821 469.65	70 430.12
资产总计	1 762 540.23	1 005 410.99	权益总计	1 762 540.23	1 005 410.99

在第八年度的运营中，本公司较第七年度取得了较大的突破。其中营业收入较第七年增长了68%，业务量大大超过第七年度。净利润增长势头更是迅猛，达到300 332.23美元，较上一年度增加了将近7倍。此外，公司在成本控制方面亦取得了突破性的进步，大大提高了公司的盈利水平。公司整体运营状况良好，并处于不断改善中。

三、年度总结

对比第八年度经营规划及经营业绩，本公司第八年度取得了预期成绩，并有所超越。

（一）值得肯定的成绩

1. 完善了公司各项制度，包括员工工作制度、公司经营制度等，公司经营相较第七年更为规范化、高效化。

2. 巩固已有客户关系，大力发展新客户。针对公司老客户，尤其是公司高级客户，本公司制定了一系列优惠政策，在降低成本及增加利润的前提下给予老客户最大的让利，从而巩固客户关系。在新客户方面，公司主要致力于为新客户提供优质的咨询服务，并辅之以一定的价格优惠，以吸引新客户前来合作。

3. 完善成本核算系统，提高成本核算的精确性，提高公司经营收入。本公司在第八年度对成本核算系统进行了数次完善工作，以跟上不断更新的市场变化，提高了成本核算的精确性，为工作人员的成本核算以及报价工作提供了有力的支持。

4. 简化业务程序，提高业务处理能力。由于整个D区市场只有两个第三方物流公司，因此我们公司不可避免地出现了业务处理能力跟不上客户要求的服务水平的严峻问题。于是，我们精简了业务程序，并不断提高公司各部门的业务能力，提高工作效率，很好地解决了业务处理能力跟不上客户要求的服务水平的问题。

5. 我们秉承"顾客至上，全心全意为客户服务"的宗旨，得到了新老客户的认可和信赖，这是我们第八年工作的又一个亮点。当然今后我们会继续这样做，以达到"客户放心、员工满意、股东得意"的境界。

（二）不足之处

1. 公司高级管理人员不足，许多部门主管身兼两职甚至数职，严重制约了公司运作效率的提高。

2. 公司办公设备严重不足，如计算机数量有限，这给工作人员的工作带来了极大的不便，严重影响了公司的服务质量。

3. 由于小组成员没有会计专业的，所以在财务会计的工作上，我们需要外包给会计师事务所，然而由于我们一开始为了节约成本，我们迟迟不愿意与他们签约，导致后来他们涨价，而我们公司白白蒙受了经济损失，尽管不是很多，但这都是我们的一大失误。

4. 公司有些成员由于没有认清公司的运输能力，盲目接受客户的委托，导致公司的工作有点混乱，我们整天都沉浸在签合同、到银行存款、开取相关票据的循环之中，却无暇东顾去算一下公司的账目。这也是我们以后需要改进的地方。

主要参考文献

程淑丽、杨丛丽：《物流公司规范化管理操作范本》，人民邮电出版社2007年版。

丁立言、张铎：《物流企业管理》，清华大学出版社2000年版。

付伟：《物流公司规范化管理工具箱》，人民邮电出版社2007年版。

宋华：《物流成本与供应链绩效管理》，人民邮电出版社2007年版。

唐丽敏：《物流企业运营管理》，大连海事大学出版社2005年版。

万志坚：《物流企业运营实务与案例分析》，中国物资出版社2006年版。

吴清烈、孙志宏：《物流企业管理》，苏州大学出版社2005年版。

薛威：《物流企业管理》，机械工业出版社2003年版。

张大成：《现代物流企业经营管理》，中国物资出版社2005年版。

张树山：《物流企业管理学》，中国铁道出版社、经济科学出版社2007年版。

后 记

2004年7月，我们第一次接触广东商学院跨专业"模拟体验式"实验教学，感叹于所有参与老师及学生对这种改革的热情和忘我投入。一年后，我们开始在校内仿真实习规则中增加物流相关部分，使实习能覆盖物流管理专业。随后，为给学生更好的实习指导，我们又撰写了实习大纲和实习指导书。如今，呈现在大家面前的这本教程，就是在上述基础上，经过三次校内仿真实习的检验，进一步修改完善而成的。

本书立足于仿真环境，介绍了第三方物流企业运作管理的关键内容。本书的最大特点在于结合校内本科毕业实习的开展，对实验相关理论与知识点进行提示后，从实验项目、实验内容、实验步骤、实验要求、实验成果、理论思考等方面给学生提供全程指导。书中穿插了广东商学院校内实习的实际案例（小案例放在各节中，大案例作为一节内容附在对应的章后），对其他高校开展类似实习（实验）具有极高的参考价值。使用本教材的老师可以根据实际需要，对各实验项目重新拆分或组合，以满足不同教学的需要。

本书由韦琦任主编，负责全书框架设计、总纂和定稿。各章内容分别由以下老师编撰：第一、二、三、四章由张大卡编撰；第五、六、九、十章由韦琦编撰；第七、八章由韦琦、林勋亮合作完成。各章初稿完成后，由林勋亮负责初审修订。

本书的面世，是全体编撰人员共同努力的结果，也是有关专家、同事、学生大力支持和配合的结果。广东商学院副院长、经济与管理实验教学中心主任曾小彬教授，多次亲自参加本书编撰的讨论和修订会议，提出了建设性的指导意见；经济与管理实验教学中心刘良惠教授、工商管理学院赵小宁副教授一直指导本书的编写工作，提供了许多可借鉴的资料；工商管理学院平海教授、王如心副教授积极参与实习指导工作，反馈的许多问题推动了本书内容的修改和完善；工商管理学院物流管理专业2003级、2004级、2005级的同学们，满腔热情参与实习，为本书提供了真实生动的案例。在此，对大家的大力支持和无私帮助表示最衷心的感谢！另外，本书在编写过程中参阅了大量的图书资料和已有的研究成果，谨对这些作者们表示深深的谢意。

由于作者水平有限，书中难免出现缺点和错误，恳请专家、读者批评指正！

编著者
2010年6月